LAS MENTIRAS
—— EN EL ——
CRISTIANISMO

DELF LUIS ROSS

authorHOUSE®

AuthorHouse™
1663 Liberty Drive
Bloomington, IN 47403
www.authorhouse.com
Phone: 1 (800) 839-8640

Published by AuthorHouse 04/24/2020

ISBN: 978-1-7283-5956-4 (sc)
ISBN: 978-1-7283-5954-0 (hc)
ISBN: 978-1-7283-5955-7 (e)

Library of Congress Control Number: 2020907257

Print information available on the last page.

PREÁMBULO

Antes de publicar los tres primeros libros en el ámbito secular, dos en español y uno en inglés, titulado, *Prosas, rimas y algo más...* Con anterioridad, había tenido una experiencia personal y familiar no muy agradable, cual me llevó a una profunda reflexión, y no quedar estancado como lo venía haciendo durante muchos años. Ante las dificultades y las descalificaciones, después de esa experiencia, sentía que estaba totalmente sólo y abandonado, veía las oportunidades alejarse para siempre de mi vida. Sin embargo, aparecieron otras personas en mi camino, quienes eran los fieles amigos, y las sinceras familias. Que una de ellas, con su amor, su cariño incondicional, sus palabras de ánimo, su presencia y su compañía, fue uno de los motivos, para no dejar el camino del conocimiento, de la información bíblica, y de la misma vida cristiana. Aunado a ello, la fortaleza y la convicción espiritual propia, hizo verme frente la oportunidad de cambiar el rumbo de expresar, y exponer las ideas, que estaban ocultas en mis manos. Entonces, decidí continuar y retomar el llamado a servir al Señor Jesucristo, dar a conocer al mundo externo, las ideas, las enseñanzas que provienen de Dios, explicadas de manera distinta, con otro enfoque más natural y razonable. Es por ello, que la presente edición, *Las Mentiras en el cristianismo,* es el resultado de una investigación analítica que compone de varios temas, no muy extensos, expuesta de manera simple, acorde con los textos bíblicos, a tal grado que el lector pueda cuestionar, investigar, cerciorarse, responder o adoptar lo que se define en particular o generalizada en esta obra. Con una visión diferente, estableciendo lo posible, el correcto entendimiento, y la aplicación precisa de la palabra de Dios. Consciente, que son temas controversiales, que rompe todo tipo de protocolo, costumbre y tradición religiosa. Porque se señala con claridad las mentiras que predominan en el cristianismo, impuesto por los siervos de *profesión* (sinónimo de, trabajo, quehacer, tarea), y no precisamente, por los siervos de *vocación* (sinónimo de, disposición, gusto, inspiración) al ministerio.

Así mismo, cada tema que se desarrolla, se encuentran referencias claves, los cuales consisten en palabras o términos, hebreo y griego principalmente. De manera breve, se establecen las definiciones e incluyendo sugerencias que se pueden compartir o ensenar, si el interesado así lo juzga conveniente. Se deja en claro, que aquí se utilizan dos palabras centrales, *religión* y *cristianismo*, donde se precisan las diferencias entre sí. La primera; resalta su fundador, salido de alguna parte del mundo, lugares o eventos bíblicos de renombre, y la otra; sobrepone su fundador, que es el Señor Jesucristo, haciendo posible poner en práctica todas las enseñanzas, los mandamientos, tanto del antiguo (AT) y del nuevo testamento (NT). Sin el ánimo de hacer sentir mal, ofender o dañar alguna persona, familia o grupo a la que pertenezca, y por los temas que se han de tratar, y de los juicios conclusivos que se tendrá al final, se resume en una simple frase.

El mundo juzgue mis dichos, Dios sentencie mis actos.
El hombre, es falible, más Dios, es infalible

DEDICATORIA

Ante todo, a Dios, a mis amados lectores, amigos y familiares. Especialmente quien me entregó su amor, su cariño, su tiempo y apoyo; también quienes supieron y pudieron estar cerca de mi vida. Que se esforzaron y lucharon por mantener el lazo de la comunicación, la convivencia fraterna y espiritual, a ellos. Muchas gracias.

De todo corazón, en el amor del Señor Jesucristo

Delf Luis Ross

CONTENIDO

I | DIFERENCIA DE LA RELIGIÓN, ENTRE EL CRISTIANISMO

A. INTRODUCCIÓN.

Hay dos tipos de religión que se desconoce en el cristianismo actual (moderno), por razones propias, no es común que los cristianos tengan conocimiento de ello. Por lo que, antes de iniciar el análisis, y el estudio de los temas propuestos, es necesario establecer las diferencias de la religión entre, el cristianismo.

B. EL PRIMER TIPO O CLASE DE RELIGIÓN.

En gr. *Threskeia*. Significa, actividades, eventos, cultos o ceremonias externas, que hace referencia a Dios, pero no la reverencia y la dedicación que presume poner de manifiesto, más bien; se inclina a dioses, ángeles, grupos (sectas) o lugares creados por el hombre, que consideran sagrados dentro de su doctrina. *Hech. 26:5. Los cuales también saben que yo desde el principio, si quieren testificarlo, conforme a la más rigorosa secta de nuestra religión, viví fariseo. Col. 2:18. Nadie os prive de vuestro premio, afectando la humildad y culto a los ángeles, entremetiéndose en lo que no ha visto, vanamente hinchado por su propia mente carnal.* Esta clase de religión, como lo muestran los textos, es exclusivamente de origen humano, y es la que se puede identificar o llamar, la religión contaminada, porque aparenta ser y utiliza el nombre de Dios.

C. EL SEGUNDO TIPO DE RELIGIÓN.

Es lo que se describe en *Santiago. 1:26-27. Si alguno se cree religioso entre vosotros, y no refrena su lengua, sino que engaña su corazón, la religión del tal es vana. La religión pura y sin macula delante de Dios el Padre es esta: Visitar a los huérfanos y a las viudas en sus tribulaciones, y guardarse sin mancha del mundo.*

1. Cuando la biblia, dice, visitar a los huérfanos y a las viudas, no significa una visita física exclusivamente; sino que: Es llevar una vida al nivel de ellos (huérfanos y viudas), tomándolos como ejemplo, que a pesar de que tienen carencias y tribulaciones, cuidan sus vidas a la perfección, y confían plenamente en su creador.
2. Aunque los huérfanos y las viudas, no tienen quién los oriente, los conduzca y vele por ellos, no se dejan manipular, ni engañar por mucho que sufran en la vida cristiana y humana.
3. Santiago invita visitarlos, lo que significa, vivir como ellos, y no tenerlos olvidados.

D. EL USO BÍBLICO DEL TÉRMINO RELIGIOSO.

La palabra religioso no aplica para los cristianos. Gr, *Deisidaimon.* Traducido como supersticioso.

1. La palabra religioso, significa, sumamente muy cuidadoso y estricto en su doctrina a la que pertenece. Ejemplo de ello, hay agrupaciones religiosas, que cuidan mucho y son muy estrictos en la forma de vestir, para presenciar algún evento o culto eclesiástico. Otros, se enfocan en la asistencia de los cultos y de las actividades, sea pequeño o masivo. Tal es el caso de los atenienses, que tenían su doctrina y sus propios dioses. *Hech. 17:22. Entonces Pablo, puesto en pie en medio del Areópago, dijo: Varones atenienses, en todo observo que sois muy religiosos* (cuidadosos). Los atenienses creían que estaban en lo correcto, en la forma de servir y adorar a Dios.

E. LOS RELIGIOSOS Y LOS CRISTIANOS.

1. ¿Quién es religioso? Toda aquella persona que pertenece a una agrupación, doctrina de fe, creado por el hombre, los cuales se identifican con el nombre o la ideología de su fundador, como; Iglesia Reformada, Iglesia Adventista, Pentecostal, etc. etc. Por otra parte, el religioso espiritualiza lo que para Dios, es literal, y materializa o humaniza lo que, es espiritual.

   Por ejemplo, el bautismo, para la religión, no es literal, con solo tener fe, confesar a Jesucristo, se obtiene la salvación, el perdón de pecados. El Espíritu Santo, no permanece en la vida del creyente. Por lo tanto, el bautismo en agua no es necesario, no importa que Jesús lo haya hecho ante Juan el Bautista, como ejemplo a seguir. Además, el bautismo no salva y es opcional, según la convicción de la religión, por ello, espiritualiza lo que la biblia ordena, *Id y haced discípulos a todas las naciones, bautizándolos en el nombre del padre, y del hijo y del Espíritu santo. Es necesario volver a nacer. El que fuere bautizado, será salvo.* Y declara, *el bautismo que corresponde a esto nos salva.*

2. Para la religión, por encima de los textos mencionados, el bautismo, no es indispensable, porque es un simple requisito, para pertenecer a la iglesia, y tener derechos eclesiásticos.

3. ¿Quién es cristiano? Toda aquella persona que se somete (persevera) bajo los principios doctrinales bíblicos o de los apóstoles. *Hech. 2:42. Y perseveraban en la doctrina de los apóstoles, en la comunión unos con otros, en el partimiento del pan y en las oraciones.* Su único fundador a la que pertenece, es Jesucristo, lucha y se esfuerza por cumplir los mandamientos del Padre, a través del hijo de Dios. Por ejemplo, practica el bautismo como lo establece Mateo 28:28. Tomando como patrón, el bautismo de Jesús en el Rio Jordán. La biblia, es su única guía y fuente fidedigna. Su identidad, es la Iglesia de Jesucristo, fundado en el año 33, d, C, aproximadamente. El único nombre que posee, para ser identificado, es; *cristiano.*

F. LA RELIGIÓN.

Este grupo (la religión), impone su idea, su doctrina, su política y su reglamento. La biblia pasa en segundo lugar, y no se practican los fundamentos de Jesucristo, de los apóstoles, y de los primeros cristianos, desde que se estableció la Iglesia. Por la libertad religiosa que existe, se permiten diversas acciones, criterios y juicios propios.

1. Sostiene dos posturas extremas.
   a. Primer extremo. La elegancia y la apariencia física en la iglesia (templo), es muy importante e indispensable, ya que Dios se fija en ello, a parte de la intención en el corazón de cada creyente.
   b. Segundo extremo. No importa cómo vaya el creyente a la iglesia (templo), con buena o mala presentación físicamente, lo que Dios le interesa, es la intención del corazón.

2. La postura doctrinal, es selectiva y parcial.
   a. **Acciones**, se puede practicar una buena parte del antiguo testamento. El uso de los instrumentos, la vigencia de los diezmos, clasificar algunos miembros y hermanos, haciendo ver, que unos son más santos que otros.
   b. **Criterios**, las cosas que prohíbe la biblia, son permisibles con ciertas consideraciones. Ejemplo, si un miembro vive en pecado (no que haya vivido), puede dirigir, predicar, ser maestro (a), ser consejero, porque es puntual en asistencia, en los diezmos, ofrendas u otras cooperaciones en especie o en efectivo.
   c. **Juicios**, no se puede juzgar a nadie, puesto que nadie es justo. Con esta postura, ignora y transgrede, que muchos hombres y mujeres de la antigüedad bíblica, fueron siervos perfectos y justos de Dios, que también se puede y se debe ser en el régimen del nuevo testamento. Si muchos hombres y mujeres de la antigüedad bíblica, fueron siervos de Dios, también se puede ser en la actualidad y en el régimen del nuevo testamento. Lo cual, es un juicio sumario.

II | LOS MUERTOS NO VAN AL CIELO.

A. INTRODUCCIÓN.

La religión dice, que: si Adán y Eva, no hubieran pecado, no habría muerte del ser humano. Dando entender, que el hombre o el ser humano sería inmortal o viviría eternamente en la tierra. Esto es una idea interpretativa bíblica y falsa, un engaño total a la generación humana. Porque, es una doctrina sacado del contexto y de la idea o propósito principal de Dios, para el hombre creado. Debido a ello, se establecen las referencias concernientes que identifica el tipo de muerte del que habla Gen 2:17, y se detalla explícitamente, el destino de los muertos, ya que existe y predomina la creencia falsa y errónea, de que los muertos van al cielo, una vez que dejan de existir en la tierra o entre los seres queridos. Asimismo, se analiza a la luz de la biblia, que nuestros seres queridos, que ya no están en la tierra, no van al cielo, ni andan deambulando en la oscuridad entre nosotros, sino que ellos están en otro lugar, llamado; lugar de los muertos. Y para eso, se necesita creer lo que Dios dice, estar convencido que toda materia creada, es temporal, es pasajera, momentánea y es finito. De lo contrario, los mismos cristianos siempre vivirán en un engaño, y en una falsa esperanza, de que, en el cielo, se tiene un ángel o una estrella.

B. REFERENCIAS CLAVES

Gén. 2:16-17. De todo árbol del huerto podrás comer, Mas del árbol de la ciencia del bien y del mal, no comerás.

1. Por lo menos, en el idioma hebrea, existen tres palabras que son sinónimos y se usan como nombres, *mawet, Temutah, Mamot.*

   a. *Mahuet,* (muerte), contrario *a Jayyim* (vida). Este término corresponde en el ámbito espiritual, que se contrapone entre el cielo y la tierra, entre la bendición y maldición. *Deut. 3:19. A los cielos y a la tierra llamo por testigos hoy contra vosotros, que os he puesto delante la vida y la muerte, la bendición y la maldición.*

   b. *Temutah.* La segunda palabra, indica la forma en que llega la muerte, en este caso, por cometer un delito en contra de la ley que rige un estado o país.

      Sal.79:11. 102:20. Llegue delante de ti el gemido de los presos; Conforme a la grandeza de tu brazo preserva a los sentenciados a muerte.

   c. *Mamot.* La tercera y última palabra, se relaciona con la enfermedad y circunstancias adversas que termina con la vida. *Jer. 16:4. De dolorosas enfermedades morirán. Ez. 28:8. Al sepulcro te harán descender, y morirás con la muerte de los que mueren en medio de los mares.*

2. En griego, del verbo **thnesko** (morir). Nombre, gr. **Thanatos.**

   En el nuevo testamento, ya no se aborda el tema de la muerte ni de la misma manera como en Génesis. Al respecto, hay dos enfoques, la existencia y la ratificación de la muerte.

   a. Gr verbo, **thnesko.** Aplica para la muerte física, corporal. Se usan más palabras, como; *sunapothnesko, telecutao, apginomai, apolumi, nekroo,* todos esos términos se refieren las diferentes formas y maneras de morir.

      Mat. 2:20. Levántate, y toma al niño y a su madre, y vete a tierra de Israel, porque han muerto los que procuraban la muerte del niño.

      Mr. 15:44. Pilato se sorprendió de que ya hubiese muerto; y haciendo venir al centurión, le preguntó si ya estaba muerto.

      Hech. 14:19. Entonces vinieron unos judíos de Antioquia y de Iconio, que persuadieron a la multitud, y habiendo apedreado a Pablo, le arrastraron fuera de la ciudad; pensando que estaba muerto.

b. Gr verbo, **apothnesko.** Es aplicado a la muerte espiritual, lo que comúnmente se conoce como desmayo.

Mat. 9:24. Les dijo; Apartaos, porque la niña no está muerta, sino duerme.

1ª Tim. 5:6. Pero la que se entrega a los placeres, viviendo está muerta.

c. Gr nombre, **thanatos.** Aplica para la muerte física entre lo espiritual, y significa, separación del espíritu del cuerpo físico.

Jacob. 45:27-28. Y ellos le contaron todas las palabras de José, que él les había hablado; y viendo Jacob los caballos que José enviaba para llevarlo, su espíritu revivió. El espíritu de Jacob estaba muerto, opacado, triste, caído. *Entonces dijo Israel: Basta; José mi hijo vive todavía; iré, y le veré antes que yo muera.* Muerte física, corporal. *Heb. 2:14-15. Así que, por cuanto los hijos participaron de carne y sangre, él también participó de lo mismo, para destruir por medio de la muerte, esto es, al diablo, y librar a todos los que por el temor de la muerte estaban durante toda la vida sujetos a servidumbre.* El mismo *thanatos,* también significa la separación del hombre de su Dios. Aunque algunos explican, que Dios se aleja o se va del hombre por causa del pecado, la realidad, es el hombre quien se aparta de Dios.

C. LA VERDAD DESCONOCIDA.

1. Conforme *Génesis 2:7. Entonces Jehová Dios formó al hombre del polvo de la tierra, y sopló en su nariz aliento de vida, y fue el hombre un ser viviente.*

a. La esencia del hombre en su formación original, no fue como lo conocemos actualmente. Aunque la teoría religiosa predominante, en el sentido, que el hombre fue creado como un ser adulto, por la simple razón, que la biblia no relata ningún detalle.

b. Mas, es de sentido común, que tanto Adán y como Eva, tuvieron un proceso de gestación como cualquier otro ser humano en la actualidad, proceso de desarrollo y de crecimiento físico, moral y espiritual; puesto que ellos no vienen de la nada.

c. Mientras estaba en el Edén, el hombre no tenía espíritu que proviene de Dios, solo tenía *aliento de vida*, que es lo mismo, *espíritu de vida*. Y significa, que no estaba consciente de las consecuencias de la desobediencia, no distinguía entre el bien y el mal. Estaba en una etapa de inocencia e identifica a Dios como cualquier otra persona, y no como el ser supremo. *Aliento de vida,* lo que algunos llaman o la misma biblia identifica, como alma, y significa; una existencia sin conciencia referente a Dios de una manera especial. El hombre no sabía, que a Jehová Dios, se le tenía que adorar, alabar y glorificar en su majestuosidad.,

d. Debido a esa situación, Dios como un ser espiritual, no le era posible actuar como hombre (Adán), y el hombre siendo un ser material, no podía actuar a la altura de Dios, puesto que él (Adán), era de carne y hueso. *Gen. 6:3. Y dijo Jehová: No contenderá mi espíritu con el hombre para siempre, porque ciertamente él es carne; mas serán sus días, ciento veinte años.*

e. Para que el hombre pudiera convivir con alguien más, de la misma característica naturaleza y elementos, Dios durmió a Adán, para que no se diera cuenta la formación de la otra persona y de su propio cuerpo o materia.

f. El hombre tenía vida como uno de los animales, a los cuales les puso nombres a todos, él era el único quien no tenía pareja, de todo lo que Dios había hecho. *Gen. 2:18. Y dijo Jehová Dios: No es bueno que el hombre esté solo; le haré ayuda idónea para él.*

2. Después que el hombre cometió pecado, y antes de ser expulsado del Edén, fue dotado del espíritu de Jehová Dios, y significa; conciencia, razonamiento y conocimiento acerca de Dios y sus leyes. *Gen. 3:22. Y dijo Jehová Dios: He aquí el hombre es como uno de nosotros, sabiendo el bien y el mal; ahora, pues, que no alargue su mano, y tome también del árbol de la vida, y coma, y viva para siempre.* En este texto, hay tres indicaciones:

a. Cuando el hombre estaba en el Edén, era temporal, porque no tenía el espíritu de Dios, como para vivir eternamente, por ende; no tenía el conocimiento del bien y del mal. Esto corresponde, *y tome también del árbol de la vida.*

b. Una vez incorporado en el espíritu de Dios, obtiene el derecho de participar de los bienes espirituales, *y coma,* del verbo comer, y no se refiere comida material, sino espiritual.

c. Como el hombre no era eterno, aún; estando en la presencia de Dios en el Edén, Dios le concede el privilegio, *y viva para siempre.* Vivir para siempre, no habla de imagen físico o corpórea, sino un cuerpo o imagen espiritual, o la semejanza de Dios.

Nota. La biblia dice, *y viva para siempre,* esto no significa, que el hombre como materia, jamás dejará de existir, más bien, su espíritu vivirá o existirá para siempre, ya sea cerca o lejos de Dios, en el infierno o en el reino celestial.

D. ANTECEDENTE DE ANÁLISIS

Primero. Hay que estar consciente, y no tener la duda, de que el hombre; proviene del polvo de la tierra. Sin ser dicha en el Edén, en aquel momento no había necesidad de ser mencionada la muerte que actualmente se conoce, porque el hombre, tarde o temprano, tenía que morir físicamente.

Segundo. Entender, que el hombre no fue creado de la nada como otras creaciones, sino que es un producto de la creación (tierra), por lo tanto, su existencia en este mundo y en su origen, no es eterno, sino pasajero, momentáneo y finito. Después de morir, dejan hijos, los hijos procrean generacionalmente. Mientras en otras creaciones, no existe reproductividad, existen una sola vez, como el petróleo, la mina, el oro, etc.

Tercero. No pensar ni creer, que el hombre era eterno como Dios allá en el Edén. Puesto que de esa idea se valió Satanás e influyó, a través de la serpiente con la mujer, haciéndole creer, cuando le dijo; *Gen 3:4-5. No* *moriréis; sino que sabe Dios que el día que comáis de él, serán abiertos vuestros ojos,* **y seréis como Dios,** *sabiendo el bien y el mal.* Aquí no habla de ojos físicos, porque Adán y Eva, en ese momento no estaban ciegos físicamente. Sino que, esto se refiere los ojos espirituales *(Gen 2:25. Y estaban ambos desnudos, Adán y su mujer, y no se avergonzaban).* Consumado el pecado, ellos pierden la vestidura celestial y la vista espiritual que conectaba hacia Dios, y sus ojos físicos, se dirigen hacia el pecado, y de la vestidura espiritual, fueron despojados, que; en consecuencia, se conocen como tal, se avergüenzan, huyen de la presencia de Dios, y se esconden bajo la sombra del pecado.

Cuarto. Lo único que Dios hizo referente al hombre, es dar la libertad al conocimiento *de la ciencia del bien y del mal,* después de haber cometido el pecado. No dotar ni dejar en igualdad de poder, capacidad, habilidad, categoría, nivel, ni con la misma característica, ni esencia eterna como Dios, sino que, Dios dejó la puerta abierta al pecado y a la justicia. Para que, de propia voluntad, el hombre eligiera el camino a seguir, el bien o el mal, porque nadie, es igual a Jehová Dios.

Quinto. Al ver Dios, que su creación humana se había hundido en la oscuridad (pecado), es cuando empieza a buscarlos de la siguiente manera. *Gen 3:9-10. Mas Jehová Dios, llamó al hombre, y le dijo; ¿Dónde estás tú? Y él respondió: Oí tu voz en el huerto, y tuve miedo, porque estaba desnudo; y me escondí.*

a. Es de dudosa afirmación, creer que Adán estaba vivo, y no muerto espiritualmente. La respuesta de Adán, no es de; te vi caminar en el huerto, sino; *Oí tu voz en el huerto,* él y su mujer, ya no podían tener comunicación ni comunión visible con su creador.

b. Por razones obvias, ellos ya estaban muertos y ciegos (espiritualmente). Por lo tanto, ya no estaban en el huerto, por eso se escondieron entre los árboles, símbolo del panteón o cementerio; hicieron delantales para cubrirse, en señal de luto y sepultura. Porque en el huerto, como símbolo del paraíso para el hombre, el pecado no tenía lugar para estar presente.

c. Lo mismo sucede hoy en día, que cuando un creyente (cristiano) comete pecado, los bienes y los privilegios espirituales, no permanecen intactos, sino que se pierden todo, inclusive la salvación.

Sexto. Aunque el hombre murió por causa del pecado y se apartó de su creador, Dios nunca los dejó solos. Él, siempre estuvo al cuidado de ellos, no los abandonó ni los desamparó, todo el tiempo buscó la manera de comunicarse con su criatura, como hasta este tiempo. La puerta para encontrase con Dios, y para todos quienes quieran estar con su creador, es bien recibida.

Séptimo. Con todos los elementos anteriores, descritos y explicados; es de aceptar sin duda alguna, y asumir, que; en el momento que dos humanos desobedecieron a Dios, murieron de inmediato. En otras palabras, se separaron de Dios, y Dios, los dejo ir libremente, un tipo de divorcio, entre Jehová Dios y el hombre por causa del pecado. La advertencia y el aviso que recibieron en el Edén, *ciertamente morirás*, ya se había cumplido cabalmente, no murieron ni fueron sentenciados a muerte física, sino espiritualmente, porque ya no podían ver más a Dios. El pecado los apartó por completo, no se trajeron nada al mundo, quedaron totalmente desnudos de la gloria de Dios, y cayeron en manos de Satanás, no solo ellos, sino toda la generación humana, sin incluir los infantes.

E. EL TIPO DE MUERTE EN GENESIS.

La religión argumenta, junto con algunos cristianos cómodos, aquellos que prefieren agarrar un libro de estudio, bosquejo de un erudito, teólogo, etc. Que no disponen de tiempo para escudriñar, comparar, analizar lo que la biblia dice, y lo que cada escritor o comentarista bíblica plantea. Por ello, se dejan convencer y dejarse llevar con la teoría, de que Jehová Dios, advirtió, previno o anunció una muerte física por adelantado, cuando dijo. *Gen 2:16-17… mas del árbol de la ciencia del bien y del mal, no comerás; porque el día que de él comieres, ciertamente morirás.*

1. Desde aquí comienza la distorsión y la falsedad teológica dogmática (doctrina humana que parece teología de Dios), haciendo una interpretación meramente humana, y no lo que Dios dice, en la parte específica espiritual.

    a. Lo que se registra en *Gen 2:17; porque el día que de él comieres, ciertamente morirás.* No es una advertencia que se relaciona con la muerte física, sino; se refiere estrictamente a la muerte espiritual (relación y convivencia con Dios). *Rom. 5:12. Por tanto, el pecado entró en el mundo por un hombre, y por el pecado la muerte, así la muerte pasó a todos los hombres, por cuanto todos pecaron.*

    b. Desafortunadamente, la teología dogmática, insertada en el seno del cristianismo, interpreta y entiende, que romanos 5:12, habla de la muerte física, desconociendo lo sucedido en el Edén, después que Adán y Eva consumieron el fruto y desobedecieron a Dios, y ciertamente murieron (se alejaron de Dios), pero no físicamente, sino espiritual.

2. La definición etimológica de la palabra muerte, en hebreo y en griego no existe de manera específica, por esa razón hay una confusión y una mala explicación. Sin embargo, se puede definir de esta forma.

    a. La palabra *muerte*, para el hombre o ser humano, no significa exterminio, existencia final o desaparición total.

    b. Mientras el mismo término *muerte*, por una parte; sí es un exterminio o desaparición total, aplicada a los animales, plantas y otros objetos de la naturaleza.

    c. Por otra parte, la aplicación directa al ser humano, la palabra muerte, significa alejamiento, distanciamiento, separación total de un grupo, de dos cosas o elementos. Esta definición se obtiene de la componenda, consistencia o característica del hombre.

3. El hombre está compuesto, consiste o tiene dos características en su esencia, uno es espiritual (relación con Dios), perteneciente a

Dios, y otro; es lo humano que forma parte de la creación material y pertenece a este mundo.

a. El acto o el hecho del pecado que se comete físicamente, el efecto del mismo, es absolutamente espiritual. Por ejemplo, el cristiano que roba algún objeto, no muere físicamente, pero sí en espíritu (pierde la relación), de ahí, tiene que arrepentirse para volver a tener vida y estar en comunión con Dios, porque de lo contrario, estará muerto ante los ojos de Dios, y podrá seguir viviendo con toda la normalidad de la vida humana entre sus semejantes. *1ª Tim. 5:6. Pero la que se entrega a los placeres, viviendo está muerta.*

4. Los pecados del que habla Dios a través de la biblia, tienen dos efectos, impacto o consecuencias.

a. El **primer** efecto, es físico, corporal, y corresponde a la persona que no maneja bien algún instrumento de trabajo. Por ejemplo, una persona que no tiene cuidado en usar un cuchillo, se va cortar la mano o el dedo, y sufrirá la consecuencia.

b. En lo legal; tiene que ver con la ley del estado o país. Ejemplo, si una persona roba, enfrentará una denuncia y será castigada con multa y hasta con cárcel.

c. El **segundo** efecto, es exclusivo o especialmente espiritual. *Col. 2:13. Y a vosotros, estando muertos en pecados* (espiritual*) y en la incircuncisión de vuestra carne* (físico*), os dio vida juntamente con él, perdonándoos todos los pecados* (especial o exclusivamente espiritual*).*

5. En *1ª Ped. 4:6.* Dice el texto. *Porque por esto también ha sido predicado el evangelio a los muertos* (aquí no se refiere a los muertos que están en el sepulcro o panteón, sino a las personas que no conocen y no tienen a Dios en sus vidas*), para que sean juzgados* (observados, vigilados, puestos en balanza sus acciones y sus palabras*) en carne según los hombres, pero vivan en espíritu según Dios* (son personas que conocen y tienen a Dios*).*

6. Se puede estar vivo físicamente, pero muertos dos veces en espíritu, esto significa, que; la forma y el estilo de vida espiritual, se contaminan con las doctrinas falsas, con las tergiversaciones o adulteraciones de la verdad, establecidas en la biblia, y las prácticas del pecado. En *Jn. 3:3*. Se lee, *De cierto, de cierto te digo, que el que no naciere de nuevo, no puede ver el reino de Dios.* Esto es, el que no nace a través del bautismo ordenado por Cristo, está muerto, por tanto, no tiene oportunidad ni tiene derecho a poseer los privilegios de Dios, carece de una esperanza viva en Cristo, no tiene el don del Espíritu Santo, no puede heredar la vida eterna, aunque esté vivo en este mundo físicamente.

7. El mundo y la religión, antepone su interés, niega la eficacia de un nuevo nacimiento que solamente se realiza por medio del bautismo, con efecto o resultado espiritual registrado en *1ª Ped. 3:21. El bautismo que corresponde a esto ahora nos salva (no quitando la inmundicia de la carne...*

8. Aunque el bautismo se lleva acabo físicamente, el efecto y la investidura, es totalmente espiritual, y que se debe cuidar con estricta medida de todas las falsas doctrinas, la cual se refiere, *Judas 1:12. Estos son manchas en vuestros ágapes, que comiendo impúdicamente con vosotros se apacientan a sí mismos; nubes sin agua, llevadas de acá para allá por los vientos; árboles otoñales, sin fruto, dos veces muertos y desarraigados*; Judas habla de dos veces muertos y desarraigados, lo que se debe entender de esta manera.

    a. La **primera** muerte sucede, en que, desde Adán, todos están muertos espiritualmente por la culpabilidad de un hombre. *Por cuanto todos pecaron y están destituidos de la gloria de Dios.* Hay que tener siempre presente, que muerte, no significa exterminio, sino separación.

    b. La **segunda** muerte ocurre por la culpabilidad de Jesús, siendo inocente. Por salvar el hombre, no replicó ninguna de las acusaciones que se le hizo ante los jueces y tribunales. Para poder vivir con Cristo, se tiene que morir al pecado, *Rom. 6:4-14. Así también vosotros consideraos muertos al pecado, pero* *vivos para Dios en Cristo Jesús, Señor Nuestro.* Ser sepultado por medio del bautismo. *Porque somos sepultados juntamente con él para muerte por el bautismo...*

c. Entre tanto, todos quienes renunciaron el pecado, aunque vivieron bajo la ley de Moisés; pero cumplieron y obedecieron los mandamientos de Jehová, por ello, Dios los tuvo en el concepto de vivos ante su presencia, no por sus propios méritos, sino por medio de los sacrificios que los sacerdotes y el sumo sacerdote ofrecía cada año en el lugar santísimo. Fueron catalogados como pueblo de Dios, con carácter de justos, rectos y temerosos. *Gen 6:9. Noé, varón justo, era perfecto en sus generaciones; con Dios caminó Noé. 18:23. Abraham, ¿Destruirfás también al justo con el impío?*

d. Quienes recibieron a Jesús como el mesías prometido y reconocieron que era el hijo enviado, se les identificó como hijos de Dios, esto corresponde durante el ministerio de Jesús, hasta el establecimiento de la Iglesia en el día pentecostés. *Juan 1:12. Mas a todos los que le recibieron, a los que creen en su nombre* (Jesús, Jesucristo), *les dio potestad de ser hechos hijos de Dios.*

9. Desde el día Pentecostés, con la llegada del espíritu Santo, todos quienes reconocen a Jesús como su Señor y Salvador, siguiendo las instrucciones precisas, son vistos vivos, y son llamados, pueblo e hijos de Dios, compuesto por dos naciones espirituales, gentiles y judíos (Israel). Pero si vuelven a cometer pecado, aun siendo ya una nueva criatura, teniendo la ciudadanía celestial, es o son considerados dos veces muertos, para ellos mismos, porque ya no queda más sacrificio por parte de Jesús. *Heb. 10:26. Porque si pescáremos voluntariamente después de haber recibido el conocimiento de la verdad, ya no queda más sacrificio por los pecados, sino una horrenda expectación de juicio, y de hervor de fuego que ha de devorar a los adversarios.*

10. Para que no haya duda respecto la idea dos veces muertos, es necesario recalcar y establecer las observaciones siguientes.

a. La **primera** muerte sucedió en el huerto de Edén y de manera universal.

b. La **segunda** muerte, que ocurre en la actualidad, es de manera personal o individual, después de haber aceptado a Jesucristo a través del bautismo. Por ejemplo, si un creyente (cristiano) comete pecado de adulterio físico, el resto de los cristianos, no pierden la salvación ni mucho menos están o estarán muertos espiritualmente.

F. FUNDAMENTO DE LA TEORÍA FALSA.

La religión sostiene la idea de que los muertos van al cielo, la cual es una doctrina contradictoria, a la palabra de Dios. Por medio de esta mentira, busca mantener vivo su interés, lucha por tener el poder, y vivir de ella. Aunque, promete una esperanza muerta, saca provecho de la gente que busca verdaderamente su salvación. Procura controlar y manipular a los creyentes bajo la ignorancia y el engaño espiritual. Contradice a Dios, y rechaza la verdadera doctrina.

A. Esta teoría falsa, se basa o se fundamenta en un hecho que se registra en *Gen. 5:24. Caminó, pues, Enoc con Dios, y desapareció, porque le llevó Dios.* Entiende e interpreta este texto literalmente, piensa y cree, que Dios se llevó a Enoc al cielo; pero es una idea errónea, porque en ningún sentido el texto asume esa postura. Otro caso que soporta la teoría, es, *Mateo 17:3. Y he aquí les aparecieron Moisés y Elías, hablando con él.* Alegando, que ellos vinieron desde el cielo, aunque; con una dudosa afirmación, establece una posibilidad argumentativa; que Moisés y Elías, vinieron desde el seno de Abraham o el paraíso.

1. Es verdad, que Dios mora en el cielo, rodeado de ángeles celestes. Pero, eso no significa ni garantiza que Dios selecta, privilegia o recompensa, a una persona o grupo para llevarse y tenerlo a su lado.

2. Siendo que Dios no hace acepción de personas, no tiene predilectos, ni favoritos. Lo confirma Jesús en *Juan 3:13. Además, ningún hombre ha subido al cielo, excepto el que bajó del cielo, el hijo del hombre.* Por lo tanto, lo que Génesis 5:24, relata; es que Dios se encargó de

llevar, **guardar** o **sepultar** el cuerpo de Enoc, sin intervención ni presencia de sus familiares, de sus seguidores o creyentes de aquel tiempo, sin identificar una tumba o un lugar específico, tal como sucedió con Moisés. *Deut. 34:5-6. Entonces Moisés, el siervo de Jehová, murió ahí en la tierra de Moab, Él lo enterró en el valle, en la tierra de Moab, frente Bet-Peor. Hasta el día de hoy, nadie sabe dónde está su tumba.* Para que la acción de Dios no fuese aprovechada por Satanás, para que la mentira no predominara como en el caso de Enoc, una vez más; Dios se encargó del cuerpo de Moisés, de la misma manera sin la intervención ni la presencia de los familiares o seguidores, sin embargo, Dios ubica el lugar donde fue llevado el cuerpo, más no la tumba o el lugar específico.

3. Otro caso que se utiliza para sostener la idea, de que los muertos van al cielo. Es el de Elías que se relata en *2º Reyes. 2:11. Y aconteció que yendo ellos y hablando, he aquí un carro de fuego con caballos de fuego apartó a los dos; y Elías subió al cielo en un torbellino.* Cuando la biblia utiliza el término cielo, y que se relaciona con el hombre, no indica o no significa que se refiera la morada de Dios, donde habita con sus ángeles. Simplemente indica, que todos ellos no fueron transportados sobre tierra, con el objetivo de que nadie los siguiera y prevenir la idolatría por parte de sus seguidores.

B. *Mat. 17:3.* Literalmente, no se refiere a Moisés ni a Elías, y tampoco su espíritu, sino que, esos hombres fueron o eran ángeles de Dios, que representaron la Ley, y la Profecía, en ese momento y de manera especial.

1. Los discípulos identificaron a Moisés y a Elías, por la conversación que tenían con Jesús, ¿de qué platicaban o hablaban? Todo lo que estaba dicho en los libros de la ley, y de la profecía, acerca de la misión del Mesías, y su final existencia. No lo reconocieron por sus características o rostros físicos, y la escena ocurre en un ambiente de visión. *Mat 17:9. No digáis a nadie la visión, hasta que el hijo del hombre resucite de los muertos.* El evento, es entorno de la oración de Jesús. *Luc. 9:28. Aconteció como ocho días después de estas palabras, que tomó a Pedro, a Juan y a Jacobo, y subió al monte a orar.* La biblia no dice, que Pedro, Juan y Jacobo, también se pusieron a orar, pero

tampoco es de dudarse, que; mientras su maestro estaba orando, también ellos se incluyeron al solemne momento, y no estaban a la expectativa para ver qué sucedía.

2. En esta transfiguración, hay varios lineamientos que presenta una secuencia a entender y poner en claro. El evento fue un prototipo de las visiones, para los apóstoles en tiempos postreros, Pedro, en el libro de los hechos, Juan, en Apocalipsis. Lucas 9:31. Narra, *quienes aparecieron rodeados de gloria, y hablaban de su partida, que iba Jesús a cumplir en Jerusalén.* Jesús tomó a estos hombres (Pedro, Jacobo y Juan), para que fueran testigos, prepararlos de lo que experimentarían en poco tiempo, empezando desde la aprehensión, muerte, sepultura, la resurrección de Jesús, hasta el establecimiento de la Iglesia en el día Pentecostés, y durante la construcción de la Iglesia. Asimismo, no fue casualidad que el señor Jesús haya llevado y elegido a tres de los doce, Jacobo, fue asesinado a espada, Pedro encarcelado, y Juan, un testigo oculto, y desterrado a la isla de Patmos, *Apoc. 1:9. Yo Juan, vuestro hermano… estaba en la isla llamada Patmos.* Los dos primeros personajes, estuvieron bajo la misma circunstancia, en vísperas de la Pascua. *Hech. 12:1-5.*

C. Es la transfiguración de Jesús, no la reincorporación de Moisés ni de Elías, sino que Jesús, se transforma para encontrarse con los hombres, identificados como Moisés y Elías. Estos dos hombres, no se dirigieron a los apóstoles, sino a Jesús.

1. Era el anuncio, el cumplimiento, la consumación de la Ley, y de los Profetas. La materialización de la misión, previamente anunciada en múltiples formas por las dos eras, la ley, y la profecía.

2. Jesús, ya transformado y transfigurado, representa el papel de hijo de Dios, de entre toda la generación humana. Ya que, su misión estaba por culminar, y todas las pruebas que Satanás puso en su camino, habían sido vencidas con éxito, se acercaba el tiempo para presentarse en sacrificio ante su Padre celestial.

3. La transformación consiste, que Jesús se convirtió en un cuerpo incorruptible. Por otra parte, la transfiguración, indica que Jesús no perdió la imagen, su apariencia y característica física, para no confundir a sus acompañantes.

4. En el evento, identifican a Moisés y Elías, no por sus apariencias físicas, sino por la conversación que tenían acerca de Jesús. Esos mismos hombres, estuvieron presente hasta el día de la ascensión de Jesús, ante los ojos de los apóstoles, registrada en el libro de los hechos, *1:10-11. Y estando ellos con los ojos puestos en el cielo, entre tanto que él se iba, he aquí se pusieron dos varones con vestiduras blancas.* En esta ascensión no se identifica a los dos varones, porque los discípulos no pusieron atención a ellos, sin embargo; se repite la misma escena, Jesucristo es cubierto o introducido entre las nubes, aparecen dos varones a lado de los discípulos, los mismos que se presentaron en la transfiguración, para confortar a los seguidores de Jesús, y; ya sin la ley ni la profecía en la mano. Certificando así, que lo que habían tratado con Jesús en ese día, todo estaba relacionado con la vida, personalidad, carácter, y misión de Jesús en la tierra. De ahí el mensaje, Dios estaba satisfecho por la obra realizada, y que todo estaba aprobado en el cielo; por esa razón, se oye la voz: *Este es mi hijo amado, a él oíd.* Y en la ascensión, el mensaje, es; *así como le habéis visto ir al cielo, así vendrá otra vez.*

G. LA TEORÍA FALSA, A TRAVÉS DE LAS RELIGIONES.

1. La religión, predica y enseña que, los muertos van al cielo, no importa la condición espiritual, el tipo y la forma de vida que se haya llevado en este mundo.

2. Para cerciorarse y asegurar algo que no está al alcance del hombre, se condiciona con ciertos requisitos, pagar una cantidad en efectivo, en especie o llevar ciertos días de luto o penitencia por parte de las familias que se quedan en vida.

3. Que Dios no puede dejar ni desamparar a sus hijos, puesto que todos son hijos de Dios, por lo tanto, no se les puede negar la entrada al cielo.

4. Que, al llegar en el cielo, los muertos se convierten en ángeles, en estrellas o están en el cielo como dioses pequeños, cuidando, vigilando, protegiendo, o bendiciendo quienes están en la tierra.

5. Promete esperanza falsa, porque asegura lo que está totalmente fuera de la biblia. Aunque su idea se basa en la misma escritura, sólo utiliza la biblia para apoyar su postura, y vivir de ella en el mundo religioso.

6. Asegura que, en el cielo o en la vida eterna, los salvos tendrán conciencia humana. Esto significa, todos podrán reconocerse como si estuviesen en la tierra, los padres, los hijos y cada uno de los seres queridos.

7. Afirma que, en la vida eterna, se podrá conocer, a Abraham, Moisés, Elías, Pablo, entre otros muchos siervos de Dios. Mas todo eso, no es verdad, los salvos, lo hijos de Dios que llegaren y entraren en la vida eterna, sólo reconocerán a Dios, en su deidad, porque todos los convertidos serán como ángeles, y con la mente de Cristo. El parentesco y la paternidad, solamente existe en la tierra. *Mat. 12:49-50… He aquí mi madre y mis hermanos. Porque todo aquel que hace la voluntad de mi Padre que está en los cielos, ése es mi hermano, y hermana, y madre.*

H. DESTINO DE LOS MUERTOS.

Los muertos no van el cielo ni andan de ambulando en el espacio, mucho menos en el infierno; sino en otro lugar, que a continuación se describe.

1. En hebreo, *She'ol.*
    a. El Antiguo Testamento no distingue a los muertos, sean buenos o malos, esta palabra simplemente indica que todos los muertos van al Seol, y no al infierno o al cielo, como la tradición religiosa lo sostiene, sino que, este lugar resguardaba y retenía a todos los muertos, desde que hubo la primera muerte, que sería Abel, según Genesis 4:8. Despúes de la expulsión de Adán y Eva del Huerto.
    b. Los muertos van al Seol. En hebreo, *She'ol.* Que es el estado de muerte. Y significa, una existencia sin cuerpo físico (visible).
    c. El Seol, es un lugar universal, y en su interior había un espacio conocido o llamado *Abadón,* que significa, lugar de

sufrimiento y que no es el infierno, es ahí donde estaban todos los muertos, buenos y malos. Entre el *Seol* y *Abadón,* no había separación o división, que marcara la diferencia entre justos e injustos, todo era un solo lugar. Hay varios textos que se pueden leer al respecto, que; en intervalos, se emite comentario aclarativo.

Job 26:6. El Seol (lugar universal) *está descubierto delante de él, y el Abadón* (lugar específico e interno) *no tiene cobertura.*

Job 28:22. El Abadón (el lugar específico) *y la muerte* (el dueño de ese lugar) *dijeron* (personificación por sus acciones)*: Su fama hemos oído con nuestros oídos.* Aquí se describe el Abadón y la muerte, como si fueran personas corporales, y hace alusión una referencia profética acerca de Jesús antes y después de su muerte; cuando dice, *Su fama hemos oído con nuestros oídos.* Desde el Antiguo Testamento, siempre se habló del Mesías, del Hijo prometido, de un rey, y en el Nuevo testamento, se ratifica o se confirma lo dicho anteriormente.

Job 31:12. Porque es fuego que devoraría hasta el Abadón (hasta el lugar de sufrimiento, lugar no deseado), *Y consumiría toda mi hacienda.* El fin de la convivencia, la comunicación y contacto con Dios.

Salmos. 88:11. ¿Será contada en el sepulcro (lugar físico donde yace o está sepultado el cuerpo de una persona) *tu misericordia, O tu verdad en el Abadón?* El lugar donde se encuentra el cuerpo espiritual o incorruptible de una persona.

Prov. 15:11. El Seol y el Abadón están delante de Jehová; ¡Cuánto más los corazones de los hombres! Dios tiene a la vista esos lugares, mas él, no está ahí, a diferencia de; Dios tiene a todos los hombres o la humanidad a la vista en este mundo, pero está en los corazones quienes aceptan, creen en él, hacen su voluntad y cumplen su mandamiento.

Prov. 27:20. El Seol y el Abadón nunca se sacian; (hasta el día hoy, esos lugares no tienen fin, solamente se le pondrá límite hasta después del juicio ante el tribunal de Cristo). *Así los ojos del hombre nunca están satisfechos.* Los ojos del hombre, no son literales, se refiere el deseo de la carne, las concupiscencias propias y el desenvolviendo entre los placeres del mundo. Que pueden ser el egoísmo, la envidia, la avaricia, entre otros muchos deseos de la carne o cuerpo humano y los sentimientos del hombre.

Apoc. 9:11. Y tienen por rey sobre ellos al ángel del abismo, (el ángel del abismo, es el Diablo o Satanás), *cuyo nombre en hebreo es Abadón, y en griego, Apolión.* Los dos términos, *Abadón* y *Apolión*, significan destrucción y se le adjudica directamente a Satanás como el destructor, tanto en el antiguo y NT.

2. **Vista panorámica del *She'ol, en el Antiguo testamento.***

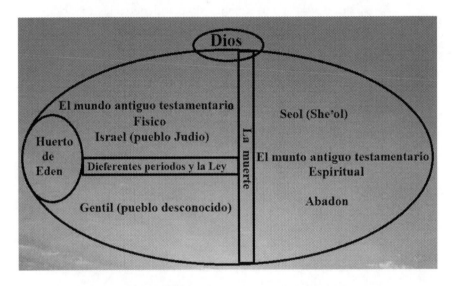

3. En griego, *jades,* **Hades.** Lugar o región de los espíritus de los muertos buenos y malos. También, lugar de receptor, o de retención de los espíritus.

   a. En la época antigua testamentaria, el **Seol** era un solo lugar, no estaba dividido como lo presenta el nuevo testamento con el Hades.

   Job. 17:16. A la profundidad (en el Abadón) *del Seol descenderán, Y juntamente descansarán en el polvo* (al mismo tiempo el cuerpo estará en el sepulcro).

Luc. 16:23. Y en el hades (Seol) *alzó sus ojos, estando en tormentos, y vio de lejos a Abraham, y a Lázaro en su seno.* El Señor Jesús usa la palabra Hades, en sustitución del Seol, aunque Jesús ya estaba en la tierra, el Seol (Hades)) permanecía igual. Erróneamente, la religión sostiene que Luc. 16:23, es una afirmación y de un hecho real que ocurrió en el seno de Abraham, pero no es así, porque en el contexto, es una parábola, un mensaje con propósito y objetivo a futuro.

b. En ocasiones, la palabra **Seol**, se le adjudica infierno, sepultura, pero son traducciones incorrectas, ya que sepultura e infierno, no son sinónimos ni tiene relación en ningún sentido entre sí.

c. El infierno, es de otra magnitud con tiempo indefinido, esto significa, que; quienes lleguen a estar en el infierno, ya no hay remedio ni esperanza alguna de salir de ese lugar.

d. Mientras el Seol o Hades, es de menor alcance y es temporal. Por lo tanto, quienes se encuentra en ese lugar, tienen una esperanza de ser resucitados para presenciar el juicio final ante el tribunal de Cristo.

4. En el Nuevo testamento, se deja usar la palabra Seol, se transcribe y se translitera con el término, Hades, en griego, aunque no se desarrolla amplia o detalladamente al respecto. Fue identificado por el Señor Jesús, antes de su muerte, tal como se pueden observar en los textos que se citan. *Mat. 11:23. Y tú, Capernaum, que eres levantada hasta el cielo, hasta el hades* (Seol) *serás abatida; porque si en Sodoma se hubieran hecho los milagros que han sido hechos en ti, habría permanecido hasta el día de hoy.*

Mat. 16:18. Y yo también te digo, que tú eres Pedro, y sobre esta roca edificaré mi iglesia; y las puertas del Hades (Seol) *no prevalecerán contra ella.*

a. La primera parte de esta cita, está relacionada directamente con el mundo material o físico, desde donde Jesús construiría o fundaría su Iglesia que actualmente pertenecemos y conocemos con el nombre universal, los cristianos o cristianismo.

b. Y la segunda parte, se relaciona con el mundo espiritual, donde se encontraban todos los muertos como un solo grupo, pero también ellos serían separados, los malos, de los buenos, tal como sucedería en la tierra. La iglesia que pertenece a Dios, y la otra, que pertenece a Satanás. *Apc. 6:8 Miré, y he aquí un caballo amarillo, y el que lo montaba tenía por nombre Muerte, y el hades le seguía; y le fue dada potestad sobre la cuarta parte de la tierra, para matar con espada, con hambre, con mortandad, y con las fieras de la tierra.*

c. El Hades, no es eterno, tampoco la Iglesia en la tierra, es permanente. Ambos, tendrán un final en la segunda venida de Cristo, ya que los muertos que se encuentran en el Hades, serán resucitados, y los vivos en la tierra, serán transformados para presenciar el juicio final.

5. Hades, a pesar de ser un término simple y común en el idioma griego, no tiene relación alguna, ni es sinónimo de infierno ni sepultura. Sin embargo, identifica el lugar donde moran los muertos sin cuerpo físico, aunque muchas religiones asocian el Seol con infierno o sepulcro, al igual que el Hades.

Hech. 2:27. Porque no dejarás mi alma en el Hades (el lugar de los muertos sin cuerpo físico), *Ni permitirás que tu Santo vea corrupción.* Este texto, no está hablando de los creyentes ni de los salvos en Cristo, se refiere exclusivamente a Jesús, una vez muerto y enterrado, no se iba quedar en el Hades por mucho tiempo como los demás muertos que estaban ahí, sino que, él estaría como tres días en ese lugar.

Hech. 2:31. Viéndolo antes, habló de la resurrección de Cristo, que su alma no fue dejada en el Hades, ni su carne vio corrupción. Al decir que su carne no vio corrupción, significa que Jesús no cometió pecado mientras estaba en el mundo, por lo tanto, no entraría en el *Abadón* o *Apolión*, lo cual era un lugar de sufrimiento.

Apc 1:18. y el que vivo, y estuve muerto; mas he aquí que vivo por los siglos de los siglos, amén. Y tengo las llaves de la muerte y del Hades.

Los textos anteriores, demuestran que, la existencia del Hades, al igual que el Seol, en el antiguo testamento, ambos retienen y resguardan a los muertos sin cuerpo físico, en diferentes tiempos y periodos de la vida humana.

6. El problema radica en la traducción que es meramente literal, terrenal, material. Por ende, la religión niega que el Hades represente algo espiritual. Ejemplo de ello, *Apc. 20:13-14. Y el mar entregó los muertos que había en él...*

   a. En esta primera frase, muchos interpretan que se refiere literalmente, el mar y que todos los muertos que se encontrarían en él, como dice el texto, desde ahí van a salir los espíritus para el encuentro con Cristo, pero el término *mar* en apocalipsis, no es literal, sino simbólico (figurado), ¿Qué simboliza el mar? El engaño, la falsedad, la mentira, (inestabilidad) *y la muerte, (Satanás, el Diablo, la serpiente que engañó a la mujer), y el Hades entregaron los muertos que había en ellos; y fueron juzgados cada uno según sus obras. Y la muerte y el Hades fueron lanzados al lago de fuego. Esta es la muerte segunda.*

   b. El mar representa uno de los poderes del mal, que lucha por mantener el control al mundo pecador, y conquistar al mundo de los Justos, Santos, Perfectos, en general; la Iglesia de Jesucristo enfrenta todo el tiempo, las olas y las corrientes del mar, las cuales son las mentiras y las falsedades de Satanás, con sus doctrinas erróneas.

7. Para referirse al cuerpo humano, tanto en el AT, como en el NT, se utilizan distintos términos entre sí.

   a. En hebreo **QABAR**=Sepultar, enterrar, como verbo. Indica llevar un proceso determinado, identificando las acciones precisas.

      Gen. 15:15 Y tú vendrás a tus padres en paz, y serás sepultado en buena vejez.

      50:5 Mi padre me hizo jurar, diciendo: He aquí que voy a morir; en el sepulcro (lugar donde va el cuerpo físico) *que cavé para mí en la tierra de Canaán, allí me sepultarás; ruego, pues, que vaya yo ahora y sepulte a mi padre, y volveré.*

Job. 27:15. Los que de él quedaren, en muerte serán sepultados, Y no los llorarán sus viudas.

b. Mientras **QEBER** como nombre, indica tumba, sepulcro, un lugar y una obra terminada.

Gen, 23:4. Extranjero y forastero soy entre vosotros; dadme propiedad (espacio) para sepultura entre vosotros, y sepultaré mi muerta de delante de mí.

Jue. 8:32. Y murió Gedeón hijo de Joás en buena vejez, y fue sepultado en el sepulcro de su padre Joás, en Ofra de los abiezeritas.

Jer. 5:16. Su aljaba como sepulcro abierto, todos valientes.

26:23. los cuales sacaron a Urías de Egipto y lo trajeron al rey Joacim, el cual lo mató a espada, y echó su cuerpo en los sepulcros del vulgo.

Sal. 88:11. ¿Será contada en el sepulcro tu misericordia, O tu verdad en el Abadón?

8. En griego, **thapto.** Del verbo sepultar, sinónimo de enterrar. Significa, cubrir o esconder un cuerpo que ha quedado sin vida. **Sunthapto,** del verbo enterrar, sinónimo de sepultar.

a. *Thapto,* aplica únicamente en sentido físico. *Jn. 19:40-41. Tomaron, pues, el cuerpo de Jesús, y lo envolvieron en lienzos con especias aromáticas, según es costumbre sepultar entre los judíos. Y en el lugar donde había sido crucificado, había un huerto, y en el huerto un sepulcro nuevo, en el cual aún no había sido puesto ninguno.* Este texto, revela dos secretos muy importantes, que vale la pena resaltar.

El **primer** secreto, es que no fue casualidad o coincidencia, que crucificaran a Jesús y muriera, donde había un huerto, y donde nadie lo había ocupado. Esto indica, que; Adán perdió el Huerto de Edén con su muerte espiritual, y Jesús lo recupera, pero con su muerte físico, ya que Jesús era inocente de todo pecado, y significa, que el huerto, representa la iglesia, y el primer habitante del reino celestial en la tierra, salido de entre toda la humanidad, es Jesús, y después de ahí, todos quienes creen en él.

El **segundo** secreto, así como fue recuperado y ocupado el huerto por Jesús, lo mismo sucedió en el Hades. Durante la sepultura, Jesús recuperó el paraíso que Adán perdió en el principio, con anterioridad fue identificado o nombrado como Seno de Abraham, y en la crucifixión, Jesús lo llamó paraíso.

b. Mientras, **Sunthapto,** es meramente espiritual. *1ª Cor. 15:4. Y que fue sepultado, y que resucitó al tercer día, conforme a las escrituras. Rom. 6:4. Porque somos sepultados* (cubiertos, escondidos) *juntamente con Cristo...*

I. AMPLIACIÓN ACERCA DE EL HADES.

A. Como se dijo anteriormente, el **Seol**, era un lugar que resguardaba y retenía a los muertos en un solo lugar, no había diferencia entre los buenos y malos. Todos sufrían las consecuencias del pecado que se cometió desde Adán, los justos clamaban justicia, esperaban el cumplimiento de la promesa del Mesías, y los malos se arrepentían de sus maldades al verse, en el lugar de sufrimiento. *Luc. 16:24. Entonces él, dando voces, dijo; Padre Abraham, ten misericordia de mi...* porque delante de ellos vislumbraban de cerca la consolación de los justos.

B. Lo mismo sucedía en la tierra, tanto el pueblo de Dios (Judío) como los gentiles que no era pueblo, sufrían, eran esclavizados por el pecado y por los gobiernos de este mundo. Eran unos cuantos que tenían la oportunidad de contar con la presencia de Dios en aquel entonces, no había comunicación ni comunión directa con el creador, de ahí, la intervención de ángeles, visiones, sueños y el sumo sacerdote, en el lugar santísimo, por él mismo y por el pueblo.

C. Debido a la situación en el mundo espiritual (Seol) (Hades), como en la tierra, Dios estableció las diferencias entre lo material y lo espiritual.
1. En la tierra, fundó la Iglesia, y a los integrantes, lo llamó pueblo e hijos.
2. En el mundo espiritual, lo que era **Seol**, (AT) y ahora, **Hades** (NT). Dios, también hizo lo mismo, dividió el Hades a través de su Hijo Jesucristo, separando los buenos de los malos, cumpliendo

así, lo dicho en Luc. *16:23. Y en el Hades alzó sus ojos, estando en tormentos…*

D. La división del Hades (Seol) consiste, en **tártaro, Sima** y **Seno de Abraham.**

1. El **Tártaro,** es perimétrica. Citado en *2ª Pedro 2:4. Porque si Dios no perdonó a los ángeles que pecaron, sino que arrojándolos en el infierno (tártaro),* de acuerdo el nuevo testamento griego interlineal, la traducción, es tártaro y no infierno, como lo maneja o lo traduce la versión 1960, *los entregó a prisiones* (calabozo) *de oscuridad, para ser reservados al juicio.*

2. **griego,** *kolpos,* **seno de Abraham.** Igual a *Paraíso, Luc 23:43. De cierto de cierto te digo que hoy estarás en el paraíso.* Lucas afirma la existencia del paraíso, y solo se empieza a ocupar con la llegada de Jesús después de su muere. Seno de Abraham, indica, ante o frente alguien de elevado respeto, honor, confianza y lealtad de una persona o grupo. Por ejemplo, en el seno de la familia, de la iglesia. Corporal o literalmente, *seno,* indica el pecho y soportado o protegido con uno de los brazos de la persona.

Jn. 13:23. Y uno de sus discípulos, al cual Jesús amaba, estaba recostado a lado de Jesús. La traducción correcta, *a lado de,* debería ser, y es; *en el seno* de Jesús.

Jn. 1:18. A Dios nadie le vio jamás; el unigénito Hijo, que está en el seno del Padre, él le ha dado a conocer.

3. **Sima.** Gr. *Casma.*

1. La Sima, es la parte que divide o separa el lugar de los buenos (seno de Abraham o el Paraíso) entre los malos (Tártaro o el Lugar del Sufrimiento), que permite un panorama visible de ambos lados. El Señor Jesús hizo referencia de este lugar en la parábola del rico y Lázaro. *Luc. 16:25-26. Hijo, acuérdate que recibiste tus bienes en tu vida* (en la tierra)*; y Lázaro también males; pero ahora éste es consolado aquí, y tu atormentado. Además de todo esto, una gran sima está puesta entre nosotros y*

vosotros, de manera que los que quisieren pasar de aquí a vosotros, no pueden, ni de allá pasar acá.

2. La *Sima*, al fungir como divisor, y para referirse a un lugar vacío, una profundidad o precipicio, recibe el nombre de *Abismo. Apc. 9:1. El quinto ángel tocó la trompeta, y vi una estrella que cayó del cielo a la tierra; y se le dio la llave del pozo del abismo. 20:1. Vi a un ángel que descendía del cielo, con la llave del abismo, y una gran cadena en la mano.*

    a. *Sima*, divisor del Hades, que indica frontera, entre los buenos y malos.

    b. *Abismo*, el área o espacio del tártaro, que no tiene fondo.

    c. *Tártaro*, perímetro o el contorno del lugar donde se encuentran los muertos que murieron sin Dios o sin Cristo.

    d. *Seno de Abraham*, lugar específico, área o espacio de los muertos en consuelo.

    e. *Paraíso*, el perímetro del lugar, donde se encuentran los muertos que murieron en las manos de Dios.

3. Por otra parte, la misma *Sima*, también conduce hacia el *Seno* de Abraham, el Señor Jesús, hizo referencia estando en la cruz, cuando le dijo a uno de los ladrones; *Luc. 23:43. De cierto te digo que hoy estarás conmigo en el paraíso.* El seno de Abraham, es comparado como paraíso, mas no es la morada de Dios en su eternidad.

E. El tiempo en que fue dividido el Hades.
1. Durante la sepultura de Jesús, su cuerpo físico descansó en la tumba, mientras su espíritu no descansó en absoluto, por ello; fue a predicar al mundo de los espíritus, quienes esperaban la promesa, al igual quienes negaron o dudaron que vendría un hijo de Dios. *1ª Ped. 3:18. Porque también Cristo padeció una sola vez por los pecados, el justo por los injustos, para llevarnos a Dios, siendo a la verdad muerto en la carne, pero vivificado en espíritu.*

    a. En esta misión, no fue para que se arrepintieran quienes se encontraban en el Hades o Sheol, sino para confirmar y ratificar, que el hijo de Dios prometido, el Salvador del mundo, ya había venido a la tierra, que el juicio de Dios al pecado ya estaba realizado, que la ley y la profecía ya estaban cabalmente cumplidas.

b. Así como en la tierra, los hombres ya tenían la esperanza de vivir con Dios, lo mismo sucedió con los que estaban encarcelados, retenidos o resguardados en el Seol, o que es lo mismo, en el Hades, recibieron la promesa en quien habían creído. *1ª Ped. 3:19. En el cual fue y predicó a los espíritus encarcelados (en prisión).*

c. La misión de Jesús en la tierra, fue para buscar y rescatar a los perdidos en medio del pecado, juntarlos en un solo grupo, y convertirla en iglesia, y llamarlo pueblo, quien no era pueblo. *1ª Ped. 3:20. Los que en otro tiempo desobedecieron, cuando una vez esperaba la paciencia de Dios en los días de Noé, mientras se preparaba el arca, en la cual pocas personas, es decir, ocho, fueron salvadas por agua.*

d. Mientras en el Hades, se presentó Jesús una sola vez u ocasión, ya que los muertos estaban juntos en un sólo lugar, mas no así en la tierra, donde los humanos estaban dispersados en diferentes lugares e idiomas, los cuales; Jesús y sus discípulos recorrieron alrededor de tres años predicando el evangelio, en señal de salvar al hombre que compone de múltiples naciones y razas.

2. Cuando el Señor Jesús dice; *tengo las llaves de la muerte y del Hades,* indica que hay varias llaves, tanto en el mundo material, como en el Hades, el Seno de Abraham, la Sima y el Tártaro, cada uno de ellos tiene llave. *Apc. 1:18. Y el que vivo, y estuve muerto; mas he aquí que vivo por los siglos de los siglos, amén. Y tengo las llaves de la muerte y del Hades.*

3. La frase *el que vivo,* entre; *mas he aquí que vivo,* no son ideas o afirmaciones repetidas. Significa que la muerte tiene dos llaves.

a. La primera, se originó en el huerto de Edén con Adán y Eva. Y es la que está relacionada con la vida de Jesús en la tierra como persona, como ser humano.

b. La segunda, lo originó Jesús al morir en el pecado, aunque no cometió pecado, pero murió como todo un pecador. Y se refiere la vida espiritual de Jesús, como parte de la deidad de Dios y su eternidad.

4. Una vez aclarado en cuanto las llaves de la muerte, en *Apc 1:18*. Ahora, corresponde identificar las llaves que menciona *Mat. 16:18...* cuando dice, *y las puertas del Hades no prevalecerán contra ella.* La biblia no hace un conteo numérico respecto las llaves, pero naturalmente, el Hades tiene varias puertas con sus respectivas llaves, la cual hace referencia el Señor Jesús al dirigirse a Pedro.

a. El Seno de Abraham, es el paraíso perdido por la desobediencia del hombre (Adán y Eva) en el huerto de Edén, ya que, ese lugar, representaba la presencia de Dios para que el hombre tuviera comunión y comunicación directa con su creador.

b. El paraíso que estaba en el Huerto, desde el principio de la creación, y de donde fue expulsado el hombre, se recupera durante la muerte o sepultura del Señor Jesús, y se relaciona con Abraham, no como persona, sino, como el autor de la fe y amigo de Dios. Hay que recordar, que, comúnmente, Abraham es conocido o se le adjudica, que es el Padre de la fe, no aplicable en la era del NT, sino; quienes vivieron bajo los distintos gobernantes que Dios estableció en la vida del AT. Algunos se conocen, como la era patriarcal, la era Mosaica, la era de los reyes, jueces, y de los profetas.

J. LA ESPERANZA DE LOS MUERTOS.

1. Los muertos, las personas que ya no están en el mundo terrenal, desde el Seol descrito en el antiguo testamento, desde el Hades al

que se refiere el nuevo testamento, sólo esperan ser resucitados con cuerpo incorruptible para presenciar el juicio final.

a. Ellos no pueden resucitar desde el cielo ni del infierno, para reencontrase con Cristo en la segunda venida.

Luc. 20:37. Pero en cuanto a que los muertos han de resucitar, aun Moisés lo enseñó en el pasaje de la zarza, cuando llama al Señor, Dios de Abraham, Dios de Isaac y Dios de Jacob. 1ª Cor. 15:21,42. Porque por cuanto la muerte entró por un hombre, también por un hombre la resurrección de los muertos.

Los muertos en pecado que están en la tierra. *Así también es la resurrección de los muertos.*

Los muertos que están en el hades o seol. *Se siembra en corrupción,* cuerpo físico, *resucitará en incorrupción,* cuerpo espiritual.

b. La idea prometida de la segunda muerte, es proveniente de la doctrina y teoría del milenio en sus tres posturas. Mas son afirmaciones falsas, porque son interpretaciones y presunciones teológicas humanistas.

c. 1ª Cor. 15:21. Habla de muertos espirituales, personas que no han nacido del agua y del espíritu, que viven sin Dios, sin Cristo, sin salvación, y sin ninguna esperanza de vida eterna, aunque en el mundo material están vivos; *Mateo 8:22. Jesús le dijo: Sígueme; deja que los muertos entierren a sus muertos.*

Mientras que el verso 42, se refiere a los muertos que ya no están en el mundo corporal, que actualmente están en el Seol o Hades. *Mat. 22:31-32. Pero respecto a la resurrección de los muertos, ¿no habéis leído lo que os fue dicho por Dios, cuando dijo: Yo soy el Dios de Abraham, el Dios de Isaac, ¿y el Dios de Jacob? Dios no es Dios de muertos, sino de vivos.*

2. A pesar de que están en Seol o Hades, al igual quienes serán transformados, ellos también esperan la segunda venida de Cristo, y recibir su sentencia ante el tribunal de Cristo, ya sea para ir al infierno o llegar a la vida eterna.

a. *2º Timoteo 4:1. Te encarezco delante de Dios y del Señor Jesucristo, que juzgará a los vivos* (cristianos) *y a los muertos* (los no cristianos) *en su manifestación y en su reino*. La tradición, y bajo la teoría humanista, interpreta o entiende y enseña, que habla de los muertos que se encuentran en el panteón y sepulcro, quienes resucitarán para el encuentro con Cristo. Esto, no es así, Pablo se refiere a los vivos, a los muertos espiritualmente.

b. Lo que registra, *1ª Pedro 4:5. Pero ellos darán cuenta al que está preparado para juzgar a los vivos, y a los muertos*. Son todas aquellas personas que hacen maldad, que no creen, no aceptan ni reconocen a Dios, como el creador, ni a Jesucristo, como el Salvador.

c. El objetivo central y el principal mensaje de la biblia, no es, ni son para los muertos que ya no están en el mundo material, sino a las personas que no tienen a Dios en sus vidas y que viven en pecado, y con el propósito, que se coinviertan a Cristo.

K. LA RUTA DE LOS MUERTOS.

Las flechas indican la ruta que siguen o emprenden los muertos espirituales, o quienes mueren con o sin Cristo. Desde el punto panorámico bíblico.

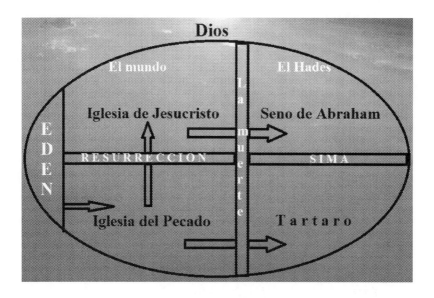

L. ESPACIO DE REFLEXIÓN Y PENSAMIENTO

1. El amor de mi vida.

Quien deja los buenos recuerdos en la memoria, y enclava los mejores momentos en el corazón: Vale la pena llorarle con toda el alma, y el tiempo que sea necesario, porque queda una herida que es difícil de curar, queda un espacio vacío sin la esperanza de ser sustituido por alguien igual o mejor. Alguien tan importante, merece ser recordada por lo bueno que hizo, y lo mejor que entregó, aún quienes estaban en su contra, sin esperar un pago o agradecimiento a quien sirvió sin condición. Vivir lo agradable en la que compartió parte de su existencia, asimilando que la vida no se tiene comprada ni asegurada.

No es vano extrañar lo excelente que dio de su tiempo, lo maravilloso de su esfuerzo, su incansable lucha, al entregar incondicionalmente su cariño y amor, mirando hacia enfrente donde todos vamos a llegar. Inclusive, vale la pena reír en su ausencia, aunque parezca locura, para que no mueran también sus recuerdos.

Es de gran motivo recorrer los lugares inolvidables, donde hubo risas, gritos, o donde fueron derramados las lágrimas de felicidad, o por alguna otra circunstancia, si es que las hubo, haciendo una historia de admiración para ser feliz y ver los días como los girasoles.

Es placentero revivir el gozo y la alegría, que quedó como ceniza, porque es la fuerza del alma. Donde quedaron las huellas del cariño, que son la fortaleza del espíritu humano. Y donde el sello del amor prevalece intacto y sin contaminación de críticas o chismes, que arde como fuego eterno, cual símbolo del amor perfecto. Recordar todo lo hermoso, para estar agradecido; primero con Dios, y luego con uno mismo, y quienes estuvieron cerca, como sombra y luz, de dos almas gemelas. No para arrepentirse ni para lamentar por lo que no se hizo, sino por haber tenido el privilegio y la bendición de un ser amado y entrañable. Con sus tiernos brazos y sus dulces besos, los pesares, los obstáculos y las circunstancias adversas, huyan hacia un rumbo desconocido. Que el tiempo y la vida, sea más ligera, con la convicción y seguridad, viva siempre el amor de mi vida.

2. Alguien insustituible.

Fui a recorrer los lugares, por donde solíamos pasar tomados de la mano, donde veíamos las calles que estaban llenas de flores y rosas. Donde los edificios nos ocultaban con sus alturas, donde la sombra de ellos nos cubría, arropándonos y convirtiéndose, en cómplices nuestros.

Al ver que iba sin ti, la mirada de las flores cayó al suelo, el rostro de los edificios, se convirtieron en tinieblas, todos se veían tristes y desolados. Se preguntaban, por qué los dejaste sin decirles nada, un camino, una frontera y una puerta, esperaban tu llegada.

Viéndome frente a ellos, sentía que me cuestionaban, y parecían estar molestos con mi presencia. Mas en un soplido de viento recio, cayó una hoja reseca con la leyenda, TE AMO. En ese momento sentí desmayar mi alma, mi espíritu sentía estremecerse en gran manera, cuando en el fondo de una de las calles, un eco como de trompeta, se oyó una gran voz; ESTOY CONTIGO MI AMOR. Los edificios temblaron de sorpresa, en forma de espejo reflejaban las maravillas de tu imagen. Se podía ver tu rostro como un ángel celestial, podía sentir tu calor que me rodeaba como vapor en tiempo de verano.

Yo quería saludarte con un abrazo, pero mis manos no llegaban hasta tu trono, ahí donde moras en este momento. Quería darte el beso de amor, y una sonrisa de cariño, mostrarte mi felicidad. Traté escalar para estar junto a ti, más fui impedido por unos hombres que te protegían como una reina. Ellos me dijeron que habías dejado una nota, donde afirmabas que conociste el amor que nunca imaginaste encontrar, que tu felicidad no tiene fin, que en tu corazón me guardas para siempre, que el lugar que dejaste, está libre y debe ser ocupado por quien sea digno como tú lo fuiste.

Desde entonces, cada día me despierto como un bebé sin compañía, en las mañanas me levanto para mirar al sol, y preguntar si la Luna aparecerá como en las noches que contemplábamos en su resplandor. Le pregunto el tiempo, si tengo la oportunidad de encontrar alguien como tú, saber con anticipación si me va ir bien, o en cada amanecer, escuchar la voz de; buenos días mi amor. Sigo caminando entre los poblados, en sus veredas y sendas, en las ciudades y sus calles, para tratar de encontrar alguien como tú, aunque es imposible que te superen. Mi fortaleza, son tus excelentes recuerdos en mi historia, los cuales me hacen sentir que no estoy solo. Tus abrazos y besos grabados en mí ser, veo el día con entusiasmo, tus palabras de cariño, me motivan a no claudicar, tu amor impregnado en mi corazón, es suficiente para ser feliz. Porque encontrar alguien como tú, que supere la altura de tu amor, que esté al nivel de tu cariño, haré lo posible vivir a lado de alguien, como si fueras tú.

3. Los recuerdos lloran.

En mi caminar junto a la soledad, en pleno sol del día, dos gotas de agua cayeron en mi rostro, lo cual supuse que eran tus lágrimas, en señal de tu preocupación y tristeza. Por el abismo que nos separa, no puedes estar junto a mis pasos pesados, ni tomar mis manos para decirme, estoy contigo. Me ves con el vacío de tu amor en mi alma, con la ausencia de tu calor en mi corazón, y con la falta de tu energía en mi vida para tener fuerza. Desde, donde estás, ves derramar mis lágrimas, observas cuidadosamente que me encuentro confundido.

En medio de mi soledad, escucho tus palabras como voz angelical; sólo Dios sabe por qué suceden las cosas, me duele no poder estar a tu lado, me pesa demasiado no darte mi abrazo y decirte, todo saldrá bien, no te preocupes. Mis lágrimas no se pueden detener por verte solo, y no poder darte mi beso de amor. Siento un gran dolor en mi corazón por no poder encontrarnos para ser felices, y seguir viviendo nuestro amor puro y perfecto. Me embarga en mi ser, decirte; hay que vivir el momento porque no sabemos qué va pasar mañana. Mi rostro se cubre de nostalgia, al ver los lugares y los momentos que pasamos juntos. Quisiera decirte que aún te amo, y hacerte feliz como desde el primer día, pero la distancia es tan grande, que sólo nuestro amor vivido, hacen eco entre las montañas que sobrevolamos como dos aves sin destino. Mi amor, es y fue sincero, mas no por eso debas privarte de amar a alguien. Siempre te voy a querer con todo mí ser, te guardaré en lo más profundo de mi corazón, porque fuiste y eres el amor que nunca soñé encontrar. Si entre los millones de estrellas puedes imaginarme, y observas la Luna, me estarás viendo como si fuera la única vez en la vida. Sé que no me dejarás de amar, y me hubiera gustado envejecernos juntos. El destino se interpuso, y nos tiene separado para siempre. No te descuides mi amor, ni dejes de amar a quien te pueda dar lo mejor. Si en el viento sientes como soplo, piensa que no soy yo, sino nuestros recuerdos de amor que también sucumben lágrimas. Lloro de tristeza, pero también lloro de alegría y de felicidad, porque tienes la oportunidad de amar otra vez. Por eso te pido un favor, que no te olvides de los dos confidentes, que son dos tesoros invaluables, son dos minas ocultas ante los ojos del mundo. Como ángeles de Dios, ellas guardarán nuestros secretos, jamás sabrán que fui, y soy tu amor, tu cariño, el complemento de tu vida. Por eso estoy feliz, porque estamos bien protegidos, nuestro amor vive y permanece, porque soy el recuerdo de los dos.

III SEPARACIÓN O DIVORCIO NO PROHIBIDO.

A. INTRODUCCIÓN.

Se manejan dos términos similares, *separación y divorcio*. Estas dos palabras significan lo mismo, y ambos; son sinónimos de, *alejamiento, desunión, disolución*. Aunque, entre el divorcio y la separación, se entiende y se aplica por igual, lo cierto; es que hay una pequeña diferencia. *Separación*, es un acto o un hecho entre dos o más personas, o entre varias cosas que determina una distancia marcada. Mientras el término divorcio, es meramente legal, sustituido por la palabra *repudio,* donde se establecen acuerdos, cláusulas y se plasman las huellas digitales, y/o las firmas de los interesados, y de la autoridad competente.

Por no reconocer e identificar la pequeña diferencia que antecede y que afecta a gran escala, entonces; se enfrentan dos opiniones distintas respecto el divorcio. Contrapuesto entre la teoría y la práctica, que se llevan a cabo dentro del cristianismo. Las dos diferentes opiniones o posturas que predomina en la vida cristiana, fue creado e inventado por las religiones existentes en el mundo. Y no, porque Dios haya establecido la perpetuidad del matrimonio o la unión de dos personas indefinidamente. Por ello, al lector y quienes tengan el interés de informarse con otro enfoque, otra visión y otro criterio, a la par de la escritura, se invita, a tomar una posición neutral para hacer una balanza entre lo cierto y lo engañoso. De ahí, canalizar los factores de su procedencia, identificar los orígenes de su existencia, analizar los resultados y las consecuencias, al no ejercer el derecho del divorcio.

En el trayecto de esta obra, se hace hincapié, y se advierte, que; la religión ha mal entendido y mal interpretado la biblia, lo cual; es la base de toda discrepancia doctrinal y la aplicación del mismo en la vida de los creyentes. Un fundamento bíblico dogmático, equivocado y erróneo, convertido a una práctica común fuera de la idea central de Dios. Una interpretación y entendimiento abstracto, convertido como una ley o voluntad de Dios, siendo una idea y un principio humano, por conveniencia personal, familiar o de grupo. Por conservar la tradición o la costumbre, que el mundo religioso mismo ha impuesto en todos los niveles de la vida, por quedar bien con la sociedad cultural, compuesta por familias, amigos y uno mismo, se mantiene la idea, no al divorcio entre cristianos.

B. REFERENCIAS CLAVES

A. **Hebreo.** Definición de la palabra hombre.
  a. *HOMBRE*. En hebreo *Ishs,* adam.
     Hombre-humanidad-gente-alguien.
     En el idioma Arábigo antiguo meridional, es igual a SIERVO. Posteriormente, llamado, arábigo tardío, que significa humanidad, refiriéndose toda la generación humana. Adam y hombre, son palabras sinónimas que se refieren a la misma persona sin distinción de género, masculino o femenino.
  b. El nombre de HOMBRE, expresa como criatura a la imagen y semejanza de Dios, la corona o la culminación de toda la creación de Dios.
  c. La primera vez que aparece la palabra hombre, se encuentra en Génesis 1:26. *Hagamos* **AL HOMBRE** *a nuestra imagen, conforme a nuestra semejanza.* Y se refiere al género humano, es decir, el hombre, en sentido genérico.
  d. En génesis 2:7. El vocablo se refiere al primer hombre o al primer ser humano, Adán. *Entonces Dios formó* **AL HOMBRE** *del polvo de la tierra, y sopló en su nariz aliento de vida, y fue* **EL HOMBRE** *un ser viviente.* Por tanto, el término hombre, es universal, y no un nombre específico, exclusivo, especial que se refiera al género masculino, individual, personal o en particular. Gen. 6:6. *Y se arrepintió Jehová de haber hecho*

HOMBRE en la tierra, y le dolió en su corazón, 8:21. Y percibió Jehová olor grato; y dijo Jehová en su corazón: No volveré más a maldecir la tierra por causa DEL HOMBRE. 9.6. El que derramare sangre de hombre, por el hombre su sangre será derramada; porque a imagen de Dios es hecho el hombre.

B. **Griego**

   a. HOMBRE. En griego, *anthropos*, se refiere a un ser humano, sea varón o hembra, sin referencia al sexo o nacionalidad, sin señalar el género masculino o femenino. *Mat. 4:4. No sólo de pan vivirá EL HOMBRE.* Dicho de otra manera, no sólo de pan vivirá el ser humano, la generación o la raza humana.

   Mat. 12:35. El HOMBRE bueno, del buen tesoro del corazón saca buenas cosas, y EL HOMBRE malo, del mal corazón saca malas cosas.

   Juan 2:25. Y no tenía necesidad de que nadie le diese testimonio DEL HOMBRE, pues él sabía lo que había en EL HOMBRE.

   Mr. 2.27-28. El día de reposo fue hecho por causa DEL HOMBRE, y no EL HOMBRE por causa del día de reposo.

C. El término *Hombre* por sí solo, es universal e incluye la *Mujer* como parte del hombre en origen. Solamente se personaliza o se individualiza, cuando se menciona, se incluye o se dice; **un hombre, un varón, marido, esposo o varias personas del mismo sexo**, ya sea en plural o en singular, como en los siguientes ejemplos.

   a. Las mujeres, *1º de Samuel. 18:7. Y cantaban **las mujeres** que danzaban, y decían; Saúl hirió a sus miles, Y David a sus diez miles. 1ª Tim. 3:11. **Las mujeres** asimismo sean honestas, no calumniadores, sino, sobrias, fieles en todo.*

   b. Los hombres, *Salmos. 60:11. Danos socorro contra el enemigo, Porque vana es la ayuda de **los hombres**. 1ª Cor. 3:21. Así que ninguno se gloríe en **los hombres**; Porque todo es vuestro.*

   c. Un hombre, *Josué. 10:14. Y no hubo día como aquel, ni antes ni después de él, habiendo atendido Jehová a la voz de **un hombre**; porque Jehová peleaba por Israel. Rom. 5:12. Por tanto, el pecado* *entró en el mundo por* **un hombre**, *y por el pecado le muerte, así la muerte pasó a todos* **los hombres**, *por cuanto todos pecaron.*

d. Una mujer, *Ruth. 3:8. Y aconteció que a la media noche se estremeció aquel hombre, y se volvió, y he aquí,* **una mujer** *estaba acostada a sus pies. Mat. 5:28. Pero yo os digo que cualquiera que mira a* **una mujer** *para codiciarla, ya adulteró con ella en su corazón.*

e. La mujer, *Prov. 5:18. Sea bendito tu manantial, Y alégrate con* **la mujer** *de tu juventud. 1ª de Ped. 3:7. Vosotros, maridos, igualmente vivid con ellas sabiamente, dando honor a* **la mujer** *como a vaso más frágil, y como a coherederas de la gracia de la vida, para que vuestras oraciones no tengan estorbo.*

C. DISTINCIÓN DEL TÉRMINO *HOMBRE.*

1. En hebreo, *geber=* hombre, un individuo, *sakar=*varón, género masculino.

a. *Gen. 1.27. Varón y Hembra los creó.* Identifica y precisa el género de masculino y femenino. *Gen. 9:5. Porque ciertamente demandaré la sangre de vuestras vidas;* En esta primera parte de la cita, se dirige a un grupo de hombres, al género masculino, por el uso de la pluralidad en; *demandaré la sangre de (vuestras vidas); de mano de todo animal la demandaré,*

b. La segunda parte, se refiere a la generación humana, cuando dice; *y de mano del hombre;* no es una persona o un individuo se refiera.

c. La tercera parte, *de mano del varón,* identifica a una sola persona, sacado, elegido o salido de entre toda la generación humana.

d. La conclusión del texto, es; *su hermano demandaré la vida del hombre,* quien sea elegido para responder por la vida de sus hermanos, sería demandado, tenía que morir y derramar su sangre, tal como se hacía con los animales por la vida de los hombres. Y esto, es una profecía que cumpliría Jesús, desde su arresto, hasta su muerte en la cruz. *Ex. 10:11. No será así, id ahora vosotros los varones.* Identifica y señala a un grupo de personas del mismo sexo, utilizando el término en plural, *varones*; género masculino.

2. Deut. 22:5. *Ishshah*=hembra=mujer. *No vestirá la mujer traje de hombre* (no traje del hombre, se mencionan dos personas distintas, mujer y hombre), *ni el hombre vestirá traje de mujer.* Este texto está ablando de manera individual, identificando el género masculino y femenino al mismo tiempo y de un mismo asunto, del tipo de vestimenta en este caso.

   a. *Jueces. 11:39.* Agrega, *Pasados los dos meses volvió a su padre, quien hizo de ella conforme al voto que había hecho. Y ella nunca conoció varón. Jer. 17:5. Así ha dicho Jehová: Maldito al varón que confía en el hombre, y pone su carne por su brazo, y su corazón se aparta de Jehová.*

   b. El texto que antecede, *varón*, identifica una persona, mientras *hombre*, identifica la generación humana, y como resultado final, no son palabras repetitivas, sino, una separación entre sí. *Sal. 34:8. Gustad, y ved que es bueno Jehová; Dichoso el hombre que confía en él. Sal, 1:1. Bienaventurado el varón que no anduvo en consejo de malos, Ni estuvo en camino de pecadores, Ni en silla de escarnecedores se ha sentado.*

   c. Cuando la biblia se dirige o se refiere a una persona, individuo o grupo, usa los términos siguientes. Varón, varones, hombre, hombres, varona, hembra, mujer, mujeres.

   Gen. 2.23, ésta será llamada Varona, porque del varón fue tomada.

   Gen, 4.23-26. Y dijo Lamec a sus mujeres. Entonces LOS HOMBRES, grupo de personas del mismo género o sexo, *comenzaron a invocar el nombre de Jehová.*

   Josué. 10.14, habiendo atendido Jehová a la voz de UN HOMBRE, un individuo o una persona, *porque Jehová peleaba por Israel.*

   Jeremías, 17:5. Así ha dicho Jehová: Maldito EL VARON la persona *que confía en El HOMBRE,* en el ser humano.

3. En **griego**. El uso del término que se refiere a una persona, individuo, grupo, función o representación. Se distingue de esta forma.

a. *aner*, varón=hombre; indica género masculino en **singular**, *Marcos. 6:20. Porque Herodes temía a Juan, sabiendo que era **varón** justo y santo... Luc. 1:27. A una virgen desposada con **un varón** que se llamaba José... 2:23. Como está escrito en la ley del señor, **todo varón** que abriere la matriz, será llamado santo al Señor. Gal. 3:28. Ya no hay ni griego; no hay esclavo ni libre, no hay **varón** ni mujer... Santiago. 1:12. Bienaventurado **el varón** que soporta la tentación...*

Jn. 7:46. Los alguaciles respondieron: ¡Jamás hombre (género humano) *alguno ha hablado como **este hombre*** (género masculino, individual o personal)! *Jn. 10:33. Le respondieron los judíos, diciendo: Por buena obra no te apedreamos, sino por la blasfemia; porque **tú**, siendo **hombre**, te haces Dios.*

b. *arsen* o *arren*. Indica un grupo de personas del género masculino o del mismo sexo. *Rom. 1:27. Y de igual modo también **los hombres**, dejando el uso natural de la mujer... 1ª Cor. 16:13. Velad, estad firmes en la fe; **portaos varonilmente**, y esforzaos.*

Mat. 4.19. *Venid en pos de mí, y os haré pescadores **de hombres***, personas de diferentes edades, nacionalidades y de individuos.

D. POSTURA TRADICIONAL INTERPRETATIVA.

1. La mayoría de las religiones, sostienen que el divorcio está prohibido, o que es lo mismo, no está permitido en la biblia. Basado en *Gen, 2:21-25. Mat. 19:8-9.* Esta teoría y enseñanza, es falsa, porque confunden los términos, y las aplicaciones de los mismos, los cuales, se convierten en práctica dañina, al seleccionar

a ciertas personas e imponer requisitos totalmente contrarios a las reglas de Dios.

2. Ante esta idea religiosa y tradicional, muchos cristianos piensan y creen que eso es verdad, razón de ello, lo practican en sus congregaciones sin antes estudiar exhaustivamente la biblia referente al tema. Esto se debe, a que es una postura interpretativa por interés, y por conveniencia personal, familiar o de grupo.

3. La conveniencia consiste en mantener la idea, no al divorcio, para seguir ejerciendo el ministerio del cual obtienen ingresos para vivir, y demostrar un buen testimonio con alto nivel calificativo (predicadores o pastores) en la congregación donde trabajan, y en la sociedad donde radican, porque si predican lo contrario, ya no serán predicadores, evangelistas o misioneros, y menos recibirán sostenimiento o cargo de alguna organización, agrupación religiosa o congregación. Además; perderían el respeto, la admiración, y el nivel del cual sienten estar catalogados; pero todo es una perfecta manipulación religiosa.

4. También, se debe por falta de conocimiento y un entendimiento amplio, por falta de una vocación al llamado de la predicación, por eso usan textos bíblicos abstractos, que estén de acuerdo a su creencia, su teoría y su práctica. No están de acuerdo con el divorcio, aunque esas mismas personas (predicadores, misioneros, evangelistas ETC) vivan como dos enemigos bajo el mismo techo, aunque el hombre (esposo) o la mujer (esposa) haya andado o ande con otra u otro que no sea el esposo o la esposa, con tal de estar bien con el mundo, condenan a otras familias y matrimonios tener el mismo fin como ellos, vivir sin amor, sin respeto a ellos mismos y en consecuencia, sin Dios. Mal interpretan y mal entienden el texto en *Mateo. 19:6.*

5. Cuando dice el Señor Jesús; *Así que no son ya más dos, sino una sola carne; por tanto, lo que Dios juntó, no lo separe* **EL HOMBRE**. En las referencias claves, se dejó claro, que el uso del término y la

frase, **EL HOMBRE**, es universal o genérico, por lo tanto, este texto no se refiere al esposo, al marido, al varón o al cónyuge de una mujer o esposa.

a. La religión ignora el fondo del cuestionamiento que se le hace a Jesús, *¿Es lícito AL HOMBRE repudiar a su MUJER por cualquier causa?* En el antiguo testamento, registrada en Deuteronomio 24.1. Era permitido el repudio *(repudiar, dejar ir, soltar)* a la mujer y con carta de divorcio *(el contenido donde se describía y se especificaba, por la cual se dejaba ir a la persona)* por cualquier cosa indecente, lo que los judíos cambian, *¿por cualquier causa?*

b. La forma en que el Señor Jesús responde. *Él les dijo: Por la dureza de vuestro corazón Moisés permitió repudiar a vuestras mujeres* (Por cualquier cosa indecente)*; mas al principio no fue así.* Al principio, intervino el pecado para romper la relación entre Dios y el hombre, entre Adán y Eva. Dios dejó ir, soltó al hombre, al mundo perdido, en medio del pecado en que se había metido, sabiendo que no debió hacerlo. De igual manera, la ruptura de Adán con Eva, fue evidente al contestar, *la mujer que me diste.* Si el señor Jesús dice, que al principio no fue así, significa, que el divorcio no era permitido por cualquier causa o cosa indecente, por eso la respuesta, *Y yo os digo que cualquiera que repudie a su mujer* (Por cualquier causa)*, adultera.*

6. Hay que poner mucha atención respecto la pregunta, ¿Es lícito al hombre (no al esposo ni marido, sino AL HOMBRE) repudiar a su mujer (no a su esposa o su cónyuge) por cualquier causa?

a. Los judíos no están preguntando de algo específico, por eso la ausencia; si al varón, al esposo le es lícito *(legal, legitimo)* repudiar a la varona, a la esposa por cualquier causa.

b. La pregunta es, al hombre; al género humano en general, no al género masculino, y el punto principal es; si se puede repudiar por cualquier causa.

E. POSTURA BÍBLICA.

La postura bíblica, permite el divorcio, la separación, la anulación, la disolución del matrimonio con causales justificantes, independientemente del estado o país que corresponda.

1. En el antiguo testamento, las causales del divorcio entre los judíos o Israel, era por si no le agradare y hallare alguna cosa indecente, y por la dureza del corazón entre la esposa y el esposo. Deut. 24:1-4.
2. Mientras en el Nuevo Testamento, dicho por el señor Jesús, En Mat. 19:9. Primero, se antepone y se hace hincapié, el principio de la formación del hombre y de su ayuda idónea o compañera, y que el divorcio no está permitido de acuerdo Deut. 24:1-4. Sino como lo dice el Señor Jesús en *Mat, 19:9.*

F. EL ORIGEN DE LA DISCREPANCIA.

1. El hombre no fue creado, al igual que el matrimonio, ambos fueron formados de una fuente, producto de la creación, con una secuencia racional (lógica).
   a. *Gen. 1:27. Y creó Dios al Hombre a su imagen, a imagen de Dios lo creó, varón y hembra los creó.* El versículo 27, idealiza o plantea con anticipación de hacer al hombre, que lo identifica con el término, creó.
   b. Aunque la religión y dentro del cristianismo, cree que el hombre fue creado, la realidad, no es así. El hombre no fue creado de la nada, como el resto de la naturaleza precedente, sino que; el texto se refiere, la planeación, el diseño, la estructura, la capacidad, su habilidad, la característica, la relación con la naturaleza y el funcionamiento de su existencia, como ser humano que habría de ser.

   c. **Ejemplificación de Génesis 1:27.**

Primera parte.

1. Un buen arquitecto, no crea su proyecto sin antes conocer, el lugar, el clima, la ubicación, si es para uso residencial, industrial, mercantil o gubernamental.

2. El arquitecto teniendo todo lo necesario, para ejecutar un proyecto de gran escala, crea un mapa para construir un edificio, diseña la estructura, describe el tipo de material que se habrá de utilizar, dibuja todos los elementos o componendas internas y externas. Hace figuras como si fueran reales, pero sólo es una idea. No hay nada que se pueda dar uso, aunque hay algo visible en miniatura. Eso es lo que se refiere el texto., cuando dice; *creó Dios al Hombre a su imagen, a imagen de Dios lo creó.* Aquí no hay nada visible, palpable o materializado, todo es un simple plan y diseño.

Segunda parte.

1. El arquitecto que se ejemplifica y se describe en la primera parte, no es el ejecutor de su proyecto a construir un edificio, sino los albañiles y todos los demás empleados participantes, bajo la supervisión del creador (arquitecto) del proyecto.

2. Se dice, que Dios, es el arquitecto de todo, eso; es absoluta verdad. Y no solo fue el arquitecto, sino que él mismo ejecutó, supervisó e hizo realidad su propio proyecto.

   a. Después, que Dios presentó, de cómo sería el hombre, entonces; procede a formar primero a (hombre) Adán. *Gen. 2:7. Entonces Jehová Dios formó al hombre del polvo de la tierra, y sopló en su nariz aliento de vida, y fue el hombre un ser viviente.* En este versículo, se materializa del que habla Gen 1:26-27.

   b. Se puede notar, que el hombre no viene de la nada, sino que forma parte de la tierra. Enseguida, el hombre como individuo, como persona, como ser humano, como criatura a imagen divino; Dios forma a Eva de la misma estructura, de la primera obra, *Gen 2:20-22. Y de la costilla que Jehová Dios tomó del hombre, hizo una mujer, y la trajo al hombre.* Indudablemente, Eva, tampoco aparece o viene de la nada, ni de la tierra, sino es producto o es parte de Adán como género humano, lo cual, es la secuencia racional *(lógica)*.

c. Ninguno de los dos (Adán y Eva), es identificado como marido y mujer, o como esposos por parte de Dios, sino como ayuda idónea. *Gen 2:18. No es bueno que el hombre esté solo; le haré ayuda idónea para él.* Sin embargo, entre ellos dos, se conocían como marido y mujer. *Gen 3:6. Y dio también a su marido...* Mas después que hubieron cometido el pecado, se evidencia la ruptura entre ellos, al decir; *Gen. 3:12. La mujer que me diste por compañera.* Por causa del pecado, ellos dejaron de ser marido y mujer, Eva deja de ser la ayuda idónea, y se convierte en simple compañera.

3. Cuando Dios creó (ideó) y formó (materializó) al hombre, fue en el huerto de Edén, donde el hombre y toda la creación, eran y estaban perfectas. El hombre (Adán y Eva), podía ver a Dios y hablar con él. El hombre era perfecto, santo, fiel, justo, y estaban vivos; lo que significa, que tenían perfecta relación con Dios, no había necesidad de intermediario alguno.

4. Después que el hombre fue la última formación de entre toda la creación, por un tiempo, vivieron en la gloria del paraíso en el Edén, en la majestuosidad celestial, el hombre, frente a Dios, estando en la tierra sin conocer el mal. *Gen 2:15,25.*

5. En aquel tiempo, Dios dio un mandamiento inviolable que toda religión ignora, cuando dijo, *Y mandó* (un mandamiento) *Jehová Dios, al hombre, diciendo: De todo árbol del huerto podrás comer, Gen 2:16.*

a. Como seres humanos, ellos tenían la oportunidad, y el derecho de comer todo lo que Dios había creado, y lo que también podía producir o cultivar, porque el hombre tenía la encomienda, la responsabilidad de labrar y cuidar la tierra. Sin embargo, en medio del huerto, había un árbol que no estaba al alcance del hombre para alimentarse de él, esto significa que; podía estar cerca, contemplar su frondosidad, disfrutar su atracción, inclusive refugiarse bajo ese árbol. Pero el fruto de ese árbol estaba prohibido fatalmente, por eso dijo Dios; *mas del árbol de la ciencia del bien* (la relación con Dios, el creador), *y del mal* (la relación con el pecado), *no comerás; porque el día que de él comieres, ciertamente morirás. Gen 2:17.*

b. ¿Qué era ese árbol con fruto prohibido? Aunque el hombre estaba en el Edén, como si estuviera en el paraíso de Dios, había un mandamiento que cumplir. El árbol que estaba a la vista, simbolizaba la ley de Dios, y el fruto representaba la acción del hombre al consumirla. No era un árbol cualquiera ni sin propósito, tampoco estaba ahí como adorno o como un árbol más. Era una señal de separación entre Dios y el hombre, que aún, estando en la presencia divina, había reglas que respetar y obedecer.

c. Era un mandamiento de Dios representado por medio de un árbol con fruto restringido, lo que posteriormente fue escrita en tablas de piedra en el monte Sinaí, con la Zarza ardiendo, y entregada en manos de Moisés, para obedecerla y cumplirla, conocido como los diez mandamientos. En el Huerto, era un árbol, fuera del Huerto, fue una Zarza.

d. Por esa razón, Dios dijo; *mas del árbol de la ciencia del bien y del mal, no comerás; porque el día que de él comieres, ciertamente morirás. Gen 2:17.* Aquí es donde Satanás engañó a la mujer, haciéndole creer que no iba morir y que sería igual a Dios, cuando en realidad, era su muerte y su perdición total. El árbol que representaba la ley de Dios como mandamiento divino, el hombre al consumirla, cometió pecado y fue expulsado del Edén. En consecuencia, el hombre (Adán) perdió absolutamente todo, el Edén, símbolo del paraíso, los derechos, los privilegios celestiales, se les fue de las manos y su vida se convirtió en desnudez y pobreza espiritual.

6. Una vez puesto en contexto el origen de la discrepancia, la religión sostiene directa o indirecta, que durante la expulsión, el hombre perdió todos los beneficios y los derechos que tenía en el principio (Edén) de su vida, por ejemplo; perdió la comunión con Dios,

la inocencia, la santidad, la justicia, la perfección, el amor y hasta la vida le fue quitada. Pero una cosa no perdió el hombre, la perpetuidad del matrimonio; de ahí, no a la separación, la disolución del matrimonio, el no divorciarse.

a. Una teoría religiosa absurda, falsa y diabólica, porque sostener esa idea o teoría única y exclusivamente, y llevar a la práctica tal doctrina, es condenar a dos personas, a ser infelices, vivir en el pecado, de maltrato unos a otros, dentro y fuera del cristianismo. Es diabólica, porque es una gran mentira, la cual hace pensar o creer a la gente, que; por divorciarse, Dios no los va bendecir, no van a ser perdonados ni salvos, sino que, van a ser condenados, si se divorcian, y si dejan a sus hijos sin papá o mamá, no serán aptos para heredar la vida eterna.

b. Cuando el señor Jesús, dice; *el que los hizo al principio, varón y hembra los hizo,* significa o indica, la estructura o componenda de un matrimonio aprobado por Dios. Varón y hembra, hombre y mujer, que forman un solo cuerpo reproductivo, y no como los hombres (Fariseos) pretendían que Jesús dijera lo contrario.

G. CONTROVERSIA CENTRAL.

A. La biblia dice; *¿No habéis leído que el que los hizo al principio, varón y hembra los hizo, y dijo: Por esto el hombre dejará padre y madre, y se unirá a su mujer, y los dos serán una sola carne?*

1. Primero, hay que identificar la intención de los fariseos, donde claramente dice, que era una tentación a Jesús.

a. La respuesta de Jesús, es; Dios hizo (Gen 2:21) varón y hembra, *en el principio,* de la formación del hombre, de la humanidad, de la generación humana (Gen 2:7).

b. Detrás de la pregunta, no era acerca del matrimonio entre hombre y mujer, sino de hombre con hombre o mujer con mujer, por eso la contundencia y automática respuesta de Jesús, *el que los hizo al principio, varón y hembra los hizo.*

2. Segundo, el señor Jesús habla de varón y hembra, de lo cual, debe componerse un matrimonio aceptable ante Dios, el creador.

    a. Un supuesto matrimonio que compone del mismo sexo, varón con varón y hembra con hembra, Dios no aprueba tal unión, y es abominación a Jehová, en lo cual internaban los Fariseos que cayera Jesús.

    b. A los fariseos, se les enfoca terminantemente, el principio de la creación donde todo ocurrió en el huerto de Edén. El mismo texto dice, *Por esto el hombre,* refiriéndose la generación de varones, hombres, que desde estas dos personas (Adán y Eva), y las generaciones venideras, tenían que seguir igual, uniéndose a su mujer y ser reproductivos. En ningún momento se refiere ni se insinúa la perpetuidad o la inviolabilidad del matrimonio.

B. La biblia declara que, el único hombre y la única mujer que Dios juntó, fueron Adán y Eva. Dios los juntó en el seno de Edén, porque era el principio de la vida humana. Posteriormente, ese principio y esa obra perfecta (*puesto que Adán y Eva, no conocían el pecado*) de Dios, fue violada con la desobediencia, y el principio de la relación entre Dios y el hombre, entre dos personas de sexo opuesto, quedó totalmente anulada, tal como los beneficios, los privilegios, los derechos, las responsabilidades, y las obligaciones que ellos tenían sin restricciones, Lo perdieron todo en el momento que cometieron el pecado, y que fueron expulsados de donde vivían, incluyendo los bienes espirituales.

1. Cuando fueron expulsados del Edén, Adán y Eva, no se llevaron el principio del matrimonio inseparable, sino que todo quedó en el Edén. Así que, es absurdo sostener la idea, de que esta pareja perdió el Edén como paraíso, y no perdió la unión matrimonial.

2. Desde la salida del Edén, Dios otorgó la libertad al hombre en buscar su propia pareja o su ayuda idónea, formar su propia familia y hogar. Porque lo que Dios planeó y materializó al principio, no fue respetado y su vigencia se había vencido. Se puede leer en *Gen. 24:1-4. Sino que irás a mi tierra y a mi parentela, y tomarás mujer para mi hijo Isaac.* Desde entonces y hasta el día de hoy, Dios no junta ni forma una pareja ni matrimonio, es el hombre y la mujer

que se juntan, que se declaran su amor y deciden vivir juntos, Dios solamente reconoce y acepta esa pareja o matrimonio, aunque él no esté de acuerdo. No niega su bendición, su amor ni su promesa de cuidar, y proteger quienes han decidido compartir sus vidas.

H. DISCREPANCIA DE ENTENDIMIENTO.

1. Gen. *2:22. Y de la costilla que Jehová Dios tomó del hombre, hizo una mujer, y se la trajo al hombre.* Esta es la parte que el Señor Jesús se refiere, cuando dice; *que el que los hizo al principio, varón y hembra los hizo.* Eva, como la primera mujer de toda generación reproductiva femenina.

   a. Al saber Adán, que la mujer proviene del varón o es parte de su cuerpo como persona o individuo, reconoce, acepta y eleva a la mujer en el mismo nivel y carácter, porque fue sacado de su costilla (del varón). *Gen. 2:24. Dijo entonces Adán; Esto es ahora hueso de mis huesos, y carne de mi carne; esta será llamada Varona, porque del varón fue tomada.*

   b. Durante el tiempo o período de la inocencia, todo iba conforme al principio de la creación de Dios, no había ningún indicio ni presunción de un divorcio o separación. Es entendible, que todo era y estaba perfecto el matrimonio que Dios había ideado y creado para toda la humanidad. *Gen 3:6. Y dio también a su marido, el cual comió, así como ella.* Antes de la condenación al mundo pecador, Adán y Eva, se conocían como marido (esposo) y mujer (esposa).

2. Lo que la mayoría de los cristianos creen por el dominio de la religión, es la segunda parte, que consiste y se relata en *Gen 3:6-12. Y el hombre y su mujer se escondieron de la presencia de Jehová Dios entre los árboles del huerto.*

   a. Nótese cuidadosamente, y entiéndase razonablemente, que Dios, desde el principio tomó y ocupó el papel de esposo, por lo tanto, la separación o el divorcio, entre Dios y el hombre, sucedió en el Edén. *Jer. 3:14. Convertíos, hijos rebeldes, dice Jehová; porque yo soy vuestro esposo…*

b. Hay que recordar que, antes de la desobediencia, Adán dijo, *hueso de mis huesos y carne de mi carne*. Pero después que pecaron, ocurre la separación o el divorcio, no dichos en los términos actuales, sino en los hechos. *Gen 3:12. Y el hombre respondió: La mujer que me diste por compañera me dio del árbol, y yo comí.*

c. Adán como varón, mete a Dios a lado de la mujer, demostrando así la separación entre ellos. Porque al conocerse físicamente, estas dos personas, por causa del pecado, Adán le responde a Dios, *la mujer que me diste por compañera*. No dice, mi compañera o mi mujer o ayuda idónea.

d. Desde aquí (Edén) y desde entonces, la separación o el divorcio se dio y prevalece hasta el día de hoy, no por conveniencia ni por voluntad del hombre, sino por el pecado que se cometió, y Dios ya no quiso intervenir más en una relación sentimental de dos personas. Dios decidió respetar la libertad y la decisión del hombre, vivir en soltería o en matrimonio, sujeto a reglas y mandamientos de Dios.

3. La palabra, *repudio* del verbo *repudiar,* es sinónimo de, *rechazo, abandono, rehusar, devolver.* A diferencia de *divorcio, desunión, separación, alejamiento.* Repudio en griego, *apoluo*-dejar suelto de, dejar ir libre, (apo, *de, desde,* luo, *soltar, desligar).*

a. La ESENCIA del mensaje; *¿es lícito AL HOMBRE* (no al esposo o marido) *repudiar a su mujer* (a su mujer, de manera general) (no a su esposa, cónyuge) *por cualquier causa?* Hay que recordar que este evento y la actuación de los fariseos, era una tentación a Jesús, no precisamente el tema o asunto era el repudio o divorcio.

b. La FORMA, es de interrogación con un trasfondo humano, y a favor del pecado, que los fariseos veían bien repudiar por cualquier causa. El señor Jesús responde con otra pregunta, *no habéis leído que el que los hizo al principio, varón y hembra los hizo… Así que no son ya más dos, sino una sola carne; por tanto, lo que Dios juntó no lo separe EL HOMBRE.* Nótese, que no se está ablando de un matrimonio, sino el principio (origen de la formación) de la unión que Dios hizo al principio (desde que se inició la vida del hombre). Además, hay que razonar, cuando dice, *no lo separe EL HOMBRE,* significa que nadie debe meterse en una relación matrimonial, ni cuestionar los sentimientos de ambos, solo es competencia de dos personas dirimir sus diferencias, si es que los hay.

c. La CAUSA o el FONDO del divorcio, es; *salvo por causa de fornicación.* Adulterio, prostitución.

Nota. Es de suma importancia, analizar, consultar, investigar y llegar a una conclusión, a favor o en contra, de la fe, de la doctrina o iglesia que se pertenezca.

1. Si la palabra *apoluo,* en griego, significa, dejar ir libre, soltar, desligar, se puede entender plenamente que, el prototipo o el precedente de la separación o divorcio, sucedió desde el huerto de Edén. Dios dejó ir al hombre tras el pecado, lo sacó de su vida, porque violentaron la ley, *no comerás el fruto del árbol.*

2. Después de la desobediencia del hombre, aunque para Dios no hay nada imposible, lo cierto, es que; Dios no pudo o no quiso retener más al hombre en el huerto y delante de su presencia, ya no fue posible al hombre permanecer en el paraíso (Edén). Entonces, Dios; dejo ir a su criatura, lo soltó de sus manos, obviamente como cualquier padre, le pesó, le lastimó ver perder a su criatura, porque había cometido pecado en su contra. Adán y Eva, emprendieron el camino libre, en el mundo material, y en el pecado.

3. En el nuevo testamento, se registran los términos, *la novia, esposa del cordero, la nueva Jerusalén, el espíritu y la esposa,* refiriéndose completamente a la Iglesia. Haciendo una cuidadosa analogía, la primera separación, tuvo lugar en el Huerto. Posteriormente, fuera del Edén, entre Adán y Eva, identificándolo con los términos ya mencionados. Asimismo, durante la inocencia de estos personajes, la mujer no tenía nombre, sino que, cuando ya estaban a punto de ser expulsados de la presencia de Dios. *Gen 3:20. Y llamó Adán el nombre de su mujer, Eva, por cuanto ella era madre de todos los vivientes* (seres humanos).

4. Durante la estancia en el Edén, estas dos personas, eran compañeros (esposos), al decir carne de mi carne, significa que eran marido y mujer (esposo y esposa). Pero esta categoría e identidad, se pierde en el mundo del pecado, ya que por el mismo pecado que cometieron, se separaron en todos los aspectos. Y como no había más personas, con quien comunicarse y convivir, permanecieron juntos, no por su voluntad, sino por la circunstancia que eran los únicos que existían en aquel entonces.

I. CAUSALES DEL DIVORCIO.

1. *Mateo. 19:9. Y yo os digo que cualquiera que repudie,* desdeña, desprecia, desconoce, rehúsa, *a su mujer, salvo por causa de fornicación...* Adultera.

    a. *Salvo por causa de fornicación.* Significa que, para que haya divorcio, debe haber delito o acto de fornicación, adulterio o prostitución de alguna de las partes; en otras palabras, el hombre o la mujer debe haber tenido contacto o intimidad con otro o con otra persona, que no haya sido o que no sea el esposo o la esposa con quien formalmente está constituido el matrimonio.

2. *Hebreos. 13:4. Honroso sea en todos el matrimonio, y el lecho sin mansilla;*

    a. *Sin mansilla;* significa, sin maldad, sin maltrato, sin daño a la esposa o al esposo, física, psicológica, emocional o espiritual, y por causa de estos elementos, motivos o razón, el AMOR de las partes permanece intacta. La idea de un divorcio venidero no existe.

    b. Lo que se debe preguntar, es; si en un matrimonio, hay *mansilla,* ¿están obligados a permanecer juntos o seguir en matrimonio? La conclusión, es que no están obligados ni por Dios ni por la ley de este mundo, porque Dios solo honra a los matrimonios o *el lecho sin masilla.*

3. Cuando el matrimonio está con mansilla, con maltrato, con maldad en todos los sentidos; Cuando hay fornicación o prostitución, por estas causas el amor de uno de los cónyuges se enfría, se aleja la persona, viven como simples amigos o conocidos. Debido a ello, Pablo recomienda en primera a los Corintios. 7:5.

a. Lo que muchos interpretan o entienden que, *No os neguéis el uno al otro,* se refiere especialmente en la relación íntima o relación sexual, eso es incorrecto. La idea del texto, abarca el estado de salud, emocional, sentimental, moral y sobre todo, espiritual. De ahí, el apóstol Pablo dice; *a no ser por algún tiempo de mutuo consentimiento,* los dos tienen que detectar el problema y ponerse de acuerdo para una posible solución.

b. Al decir *para ocuparos sosegadamente en la oración;* indica que el problema radica en la vida espiritual y afecta la vida física matrimonial. Por ejemplo, posiblemente uno de los dos maldice o insulta, o alguno de ellos le ha llegado una noticia de índole sentimental extramarital, y para no agredirse, deben dirigirse en oración a Dios. No se recomienda un largo tiempo la separación, tan pronto sea necesario y después de un análisis adecuado, se sugiere, *y volved a juntaros en uno, para que no os tiente Satanás a causa de vuestra incontinencia.*

c. *Y volved a juntaros.* Significa que antes que se dé el divorcio, hay que tratar de solucionar el problema matrimonial, a través del estudio de la palabra de Dios, y por medio de la oración. Y no sólo la oración, también consultar con personas que tienen conocimiento y experiencia profesional para intervenir y solucionar tal situación. Porque muchos están a favor del matrimonio inseparable, porque son amigos, hermanos sanguíneos o porque son familia. Esas personas que están en contra del divorcio, no les interesa la felicidad individual y no quieren ser vistos mal ante la sociedad. Con ello evitan la crítica, piensan y creen que hay que hacer feliz al esposo o a la esposa, olvidarse uno mismo, aunque reciba todo tipo de maltrato y sea tratado como sirviente o sirvienta.

d. Quienes están en contra del divorcio, cambian la dirección y la intención de Dios hacia sus hijos, y amenazan con que

Dios prohíbe el divorcio, parecido o igual lo que hizo Satanás a través de la serpiente diciendo; *con que Dios ha dicho que moriréis.*

4. Por último, divorciarse no es mandamiento de Dios, ni mandamiento para casarse, el matrimonio, al igual que el divorcio, es una opción voluntaria y de decisión propia.

   a. El hombre y la mujer, como dos individuos o personas con capacidad de ejercer su derecho, hacer uso de su libertad, sea para su bienestar o malestar, Dios no obliga a nadie casarse o separase, ni es un requisito para ser salvo.

   b. En el cielo no existe matrimonio, la salvación y para llegar a la vida eterna, no depende del estado civil, aunque la religión así hace creer a los creyentes o feligreses, contradiciendo lo que dice, *Mat. 22:29-30. Erráis, ignorando las escrituras y el poder de Dios. Porque en la resurrección ni se casarán ni se darán en casamiento, sino serán como los ángeles de Dios en el cielo.*

J. MEDIDAS PREVENTIVAS.

Para evitar el divorcio a corto o a largo plazo, es necesario tomar en cuenta algunas sugerencias, recomendaciones u observaciones planteadas, dirigidas primeramente a los cristianos, y posteriormente a los no cristianos, que puede ser de ayuda en sus vidas matrimoniales o de soltería.

1. Se recomienda a los feligreses o los cristianos, que son ellos quienes tienen la última palabra o toman la decisión de permanecer en matrimonio o divorciarse, y debe ser cualquiera de las dos partes, sea hombre o mujer.

2. Se advierte a los cristianos que hay ciertas consecuencias después del divorcio, que hay un tiempo o periodo, que se puede llamar, tiempo de prueba para una posible reconciliación. ¿Cuáles son esas consecuencias? Como miembro activo, pierde los derechos administrativos en la congregación, no a opinar, aprobar y participar en la toma de decisiones y eventos eclesiásticos, como dirigir los cantos, ser maestro o muestra en la congregación,

predicar o bautizar, ejercer algún cargo eclesial en el gobierno de la iglesia, incluyendo el diaconado, más lo que considere la iglesia local.

3. Se conservan los derechos espirituales, como participar en la comunión o santa cena, cantar, ofrendar o diezmar, actividades de mantenimiento, limpieza, etc. Porque son cosas que se realizan individualmente, es voluntario y de decisión propia. No se le prohíbe asistir en los cultos o servicios, a menos que la iglesia local así lo establece en su forma de gobierno.

4. La biblia dice, no os unáis en yugo desigual, todo mundo cree que este texto solamente se refiere a la fe o a la religión que pertenece la persona.

   a. Por una parte, la interpretación es correcta, al decir que debe ser de la misma religión, para evitar ciertos conflictos o problemas en el matrimonio. Aunque esa interpretación no garantiza evitar el divorcio.

   b. La otra parte, que es ignorada por todos los expertos, lo cual se refiere a la vida, no os unáis en yugo desigual, no solamente significa de la misma religión, sino, se refiere a la forma de vida cultural, tradicional, idioma, desenvolvimiento social, educación, preparación académica, económica, política y humana.

5. El texto incluye indirectamente que la persona debe tener la misma visión, el mismo criterio, los mismos planes, propósitos y metas, no precisamente se requiere el mismo pensamiento y la misma actuación. Sino que, encierra una mayor coincidencia en las opiniones, percepciones, convicciones y vocación de servicio, dentro o fuera de la vida cristiana.

6. Contraer matrimonio de la misma religión, no garantiza ni asegura un matrimonio duradero o inseparable, ya que la intención de los contrayentes nadie puede saber más que Dios y ellos mismos. Por ejemplo, muchos hombres y mujeres llegan al templo, se convierten al cristianismo, con el fin de encontrar un buen hombre o una

buena mujer, cumplir como requisito y obtener un beneficio personal. Ante tal situación, de nada sirve que los dos sean de la misma religión, que prometan y juramenten algo falso o ficticio.

7. Ha quedado de manifiesto que el divorcio procede, que nadie lo puede impedir. Sólo los esposos toman esa decisión, la biblia es la única guía, divorciarse o no, y la iglesia simplemente debe respetar la determinación de dos personas.

K. ESPACIO DE REFLEXIÓN Y PENSAMIENTO

1. UNA CARTA PARA TI

Entre valle de lágrimas, desde lo profundo llanto de mi corazón, en el fondo del encierro en la que me encuentro, escribo esta carta para ti. Letras de mi autoría, para hacer llegar quien me inspiró confianza, que me ha puesto en el camino de la verdad, de la realidad y de la felicidad.

Era un siete de agosto, como diez y media de la mañana que llegué al templo, después de varios años de ausencia, por motivos personales, familiares y de los mismos hermanos, que me orillaron a no asistir más. No supe, si por suerte, por casualidad o por las circunstancias más allá de mi comprensión, volví a la iglesia, a congregarme sin que nadie me invitara o me llevara a fuerzas. O tal vez, Dios tenía algo preparado para mí o porque mi tiempo estaba cerca. Sólo sé que cuando crucé la puerta del templo, vi al predicador exponiendo su mensaje, quedé sorprendida y por un instante me sentí desmayar, confundida y fuera de sí. Por unos segundos perdí la razón, dejé de ser yo misma, me fui de la realidad a un mundo desconocido, desde mi oscuro sentir, de mi alma y mi corazón, suspiré y dije; *qué se sentirá estar en los brazos del hermano,* un pensamiento que no era normal, y consiente que no era mi intención ni mi propósito. Lentamente avanzando hacia enfrente, con ganas de retroceder rumbo a mi casa, y hacer como que no pasaba nada. Pero algo me motivó tomar asiento, y poner atención. A partir de ese día, sentí como un nuevo renacer, y una nueva esperanza, entonces decidí no alejarme más de Dios y la iglesia.

Desde que tengo uso de razón, he llevado una vida de tristeza, de maltrato, crítica, descalificación, juicio, y condenación sobre mi persona, como mujer, como hija y como esposa que me consideré por un tiempo. Puse todo mi empeñó, y demostrar amor en mi hogar y con mi familia, pero de nada sirvió. Mi padre me trató como una basura, fui la más odiada, la indeseada, la que estorbaba, la carga en la casa, aunque nunca supe la razón ni la sabré. Recibía golpes físicos, insultos por parte de mi padre, gracias a mi madre que algunas veces pudo defenderme, aunque al poco tiempo, se fue de mi vida y si, si la extraño. Carencias de calzado y de vestir podía soportar, pero el cariño y el amor de un padre, me abandonaron sin compasión. Como esposa, todo fue igual o hasta peor, mi vida ha estado llena de desilusiones y desencantos. Siempre me juzgaron de oportunista, de trepadora y que no merecía estar, a lado del hombre con quien me casé. Me condenaron como una malvada, mala mujer, mala esposa, mala cuñada y la más peor de las hijas. Muchas veces pensé en huir, ir muy lejos donde nadie supiera de mí, pero no tuve valor, por mi miedo o mi timidez, no me dejaban ver nuevos horizontes, se resistían transitar en una nueva realidad.

Por mucho tiempo consideré mi casa, mi hogar donde vivía con mis hijos, pero desafortunadamente un día descubrí que no era así. Supe que yo era una arrimada, una oportunista, y el amor que me mostraban, era falsa totalmente. Desde entonces, mi vida se convirtió, como si estuviera en una prisión, acorralada como si fuera un animal feroz, sin la oportunidad de ser feliz, y me sentía muerta en vida. Fue demasiado tarde saber, que aguantar maltratos, insultos, maldiciones, todo tipo de críticas y chismes, no era lo correcto. Durante tres años, ya no quería estar en casa, deseaba estar lejos, soñaba con ser amada, aunque fuera de gente ajena, porque los ojos que me rodeaban en casa, sus miradas eran de desprecio, de odio, y algunas veces sentí que hasta me deseaban la muerte. En mi pensamiento decía, un día me iré en busca del amor, para envejecerme en sus brazos, no tengo duda que me recibirá con cariño, y yo le corresponderé como él se merece. Quiero llorar de felicidad, reír de alegría, y brincar de gozo. Vivir y sentir, lo que muchos llaman amor, irme lejos porque ya no me importa nada de lo que diga la gente, la familia, los supuestos hermanos o amigos. Digo supuestos hermanos, porque las últimas veces que asistí a la iglesia, un hombre que lo consideraba como hermano y amigo, muchas veces me estuvo acosando, molestándome con propuestas que no eran de mi agrado. Le perdí la total confianza, mi amistad y considerarlo como parte de mi familia, al poco tiempo terminó lo que era la confianza. Después de ver toda mi desgracia, y reflexionar profundamente sobre mi situación, concluí que tengo tres personas, que son mis amores y confidentes; mi hermana, amiga y compañera en toda mi vida, a quien habré de querer y amar, porque siempre hemos estado juntas, Dios me la cuide y me la guarde siempre. Para con mi amiga, desde lo más profundo de mi corazón, si algún día no la volviera a ver, estaré agradecida, que la quiero como mamá, por sus consejos, su apoyo y por ser una persona confiable, que guardará mi historia de amor. También, a quien le entregué y deposité todo mi amor y cariño, toda mi confianza, mi fidelidad, mi lealtad y mi ser. Sé que jamás me fallará, él se quedará con lo mío, y yo, lo de él, todo estará guardado en mi memoria y en el fondo de mi corazón. Aunque nunca le dije ni le pedí, que guardara mi secreto, que no revelara nada de mí. Pero estoy segura, que por más que quisieran saber, él no dirá nada. Porque, es un hombre cabal, un caballero digno de ser amado. Un ser que jamás imaginé conocer y tener de cerca. Yo pude ser esa persona, ese amor, esa compañía, ese complemento que él deseaba tener en su vida, mas no tuve el valor de ir tras él, y decirle de frente, te amo y aquí estoy. Espero que mi carta no quede a mitad del camino, y cuando llegue en manos de él, me comprenda, y tenga fuerzas para soportar el dolor que me embarga. Y si alguien se identifica, parecido a mi situación, yo les recomiendo que no se queden donde ya no las quieren, donde estorban, donde son una carga. Lo que de mí corresponde, agradezco a mi Dios, y al amor que llegó en mi vida, por haberme hecho saber, que siempre hay posibilidades de amar y ser amada, como persona y como mujer. Lo que no hice, es no haber luchado y estar al lado del hombre que me demostró amor y cariño, me inspiro confianza, seguridad y una plena felicidad.

2. LAS ROSAS.

La vida, es como las Rosas, muchas veces plantada en un lugar inadecuado. Donde no hay tierra para subsistir, donde no hay agua para sobrevivir, donde no llega el calor del solo pata ver la luz, ni el cuidado para crecer, tampoco el tiempo para recibir buen trato. Otras veces, descuidada como si no tuviera valor, como si no valiera la pena de su existir. En algunas ocasiones, es mal tratada cruelmente por no producir lo deseado, grande y frondosa, y por carecer de envidiables pétalos. Se le juzga y se le critica, por producir espinas y abrojos, mientras las flores no se asoman, aunque fuese por unos segundos. Las rosas inspiran múltiples maneras de actuar, para llorar, reír, meditar, expresar emociones, y comparar muchas cosas de ellas. Aunque su nombre es único, pero cuántos pétalos, colores, hojas, espinas, y el tiempo que toma para complacer con sus frutos esperados, quien se encarga y se responsabiliza de ella. En tiempo de frio, calor, lluvia o viento, siempre intenta florecer, con la condición de no ser descuidada. Cuando las hojas y los pétalos caen, siempre van a la base del tallo, solamente un viento recio puede remover las hojas a cualquier rumbo o dirección. Así es la vida, como las Rosas, es única, nace con muchas expectativas, crece en medio de circunstancias adversas, y muere en el momento que no espera. Las hojas y los pétalos secos, son la experiencia que se adquiere con el tiempo vivido, las flores con sus múltiples colores, es la belleza con que se puede vivir, mientras las espinas, son para defenderse de los extraños y ajenos en la vida. No te dejes morir a lado de la persona que no te ama, que no te trata bien, que no valora lo que eres, que siempre busca su propio bien. La vida, es como un ramo de Rosas, admirable y con infinita de fragancia.

3. LIBRE COMO EL AVE.

Vuelo sobre las montanas del mundo, camino sobre la tierra para dejar huesas de mi presencia. Descanso en el árbol, me cobijan las hojas, y las ramas me protegen. Voy a las playas o mar para refrescar mi alma, en los manantiales me inspiro, y la neblina adorna mi rostro con gotas de agua, como si estuviera llorando. Me quedo donde se oculta el sol, me despierto donde desaparece la Luna. El día termina, pero viene otra con más opciones y oportunidades. No hay nadie ni nada que me detenga para ser feliz, porque el viento es mi impulso, el aire que respiro, es mi fortaleza. Y sobres todas cosas, el supremo creador me cuidad, me alimenta, con sus alas me cubre para avanzar hacia lo desconocido. En él confío, en nadie más le puedo entregar vida, mi alegría, y mi felicidad.

IV | LA IGLESIA NO ESTÁ LLENO DE PECADORES.

A. INTRODUCCIÓN

Muchos cristianos creen, sostienen y afirman, que la iglesia está lleno de pecadores, esta enseñanza que predomina en distintas congregaciones, es una falsa doctrina proveniente de la religión. Y, por ende, están en contra del principio de la doctrina de Dios, tergiversan y mal interpretan o mal entienden la biblia, anteponiendo sus propias convicciones, apoyándose en la biblia fuera del contexto o propósito de Dios. En este estudio, veremos lo erróneo y lo equivocado que está tal enseñanza, y la forma en que Dios ve a su pueblo, el concepto que Dios tiene quien se ha convertido a Cristo por medio del bautismo, ejemplificado en Jesús ante Juan el bautista y en el Rio Jordán. Que Dios, no ve el templo, el edificio que siempre está en conflicto entre líderes, Dios no le interesa el lugar o la ubicación de los feligreses. El interés de Dios, es meramente espiritual, más allá de lo humano y lo material. Dios busca verdaderos adoradores, verdaderos siervos, verdaderos creyentes, no mercaderes y vividores del evangelio.

B. REFERENCIAS CLAVES

1. **En hebreo *awen*.**
   a. La palabra *pecadores* describe la condición presente del hombre, esto es; que no pertenece al pasado ni futuro y es universal. La diferencia consiste en los términos, **eran;** y no usa la palabra, **fueron**. *Gen 13.13. Mas los hombres de Sodoma **eran** malos y pecadores contra Jehová en gran manera. Núm. 32.14. Y he*

aquí, vosotros habéis sucedido en lugar de vuestros padres, prole de hombres pecadores, para añadir aún a la ira de Jehová contra Israel. Lucas. 6:32. Porque si amáis a los que aman, ¿Qué mérito tenéis? Porque también los pecadores hacen lo mismo. Stg 5:19-20. Sepa que el que haga volver al pecador del error de su camino, salvará de muerte un alma, y cubrirá multitud de pecados.

b. En hebreo, como verbo, **abar**, es un término derivado de pecar; sinónimo de transgredir, quebrantar, cruzar, sobrepasar. *Núm. 5:6. Di a los hijos de Israel: El hombre o la mujer que cometiere alguno de todos, los pecados con que los hombres prevarican contra Jehová, y delinquen. Jueces 2:20. Y la ira de Jehová se encendió contra Israel, y Dijo: Por cuanto este pueblo traspasa mi pacto que ordené a sus padres, y no obedece a mi voz. Sal. 51:13. Oseas 8:1. Pon a tu boca trompeta. Como águila viene contra la casa de Jehová, porque traspasaron mi pacto, y se rebelaron contra mi ley.*

c. **Jatta**, errar, pecar, ser culpable, perder un derecho. *Prov. 19:2. El alma sin ciencia no es buena, Y aquel que se apresura con los pies, peca. Gen 20:6. Y le dijo Dios en sueños: Yo también sé que con integridad de tu corazón has hecho esto; y yo también te detuve de pecar contra mí, y así no te permití que la tocases.*

2. Términos en griego **jamartia, jamartema, anomia, paraptoma, agnoema, proamartano.**

a. Todas las palabras griegas, como nombre y verbo, describen los distintos tipos de pecado que se comete contra Dios, estableciendo lugares, circunstancias y tiempo.

b. Para identificar a una persona como pecador, *jamartolos. Luc. 7:37. Entonces una mujer de la ciudad, que era pecadora... 19:7. Al ver esto, todos murmuraban, diciendo que había entrado a posar con un hombre pecador. Gál. 2:15. Nosotros, judíos de nacimiento, y no pecadores de entre los gentiles.*

2ª Ped. 2:4. Porque si Dios no perdonó a los ángeles que pecaron, sino arrojándolos al infierno los entregó a prisiones de oscuridad, para ser reservados al juicio.

c. De los hombres, *Núm. 15:22. Y cuando errareis, y no hiciereis todos estos mandamientos que Jehová ha dicho a Moisés. Mat*

27:4. Yo he pecado entregando sangre inocente. Lucas. 15:18. Me levantaré e iré a mi Padre, y le diré; Padre, he pecado contra el cielo y contra ti.

3. **Término ampliado y específico.**
   a. Pecar contra Cristo. *1ª Cor. 8:12. De esta manera, pues, pecando contra los hermanos e hiriendo su débil conciencia, contra Cristo pecáis.*
   b. Contra el padre, *Lucas. 15:18. Me levantaré e iré a mi Padre, y le diré; Padre, he pecado contra el cielo y contra ti.*
   c. Contra el hermano, *Mat 18:15, 21. Por tanto, si tu hermano peca contra ti, vé y repréndele estando tú y él solos; si te oyere, has ganado a tu hermano. Entonces se le acercó Pedro y le dijo: Señor, ¿Cuántas veces perdonaré a mi hermano? Lucas. 17:3,4.*
   d. Contra uno mismo, *1ª Cor. 6:18. Huid de la fornicación. Cualquier otro pecado que el hombre cometa, está fuera del cuerpo; mas el que fornica, contra su propio cuerpo peca.*
   e. Pecar contra Dios proveniente de los ángeles. *2ª Ped. 2:4. Porque si Dios no perdonó a los ángeles que **pecaron**, sino arrojándolos al infierno los entregó a prisiones de oscuridad, para ser reservados al juicio.*

C. LA FORMACIÓN Y LA ESTRUCTURACIÓN DE LA IGLESIA.

1. No es común en el cristianismo, que la iglesia, a la cual los cristianos forman parte, se identifique y se tenga por definido; que los cuatro evangelios no pertenecen al antiguo ni al nuevo testamento. Aunque se hable mucho de ella, tal parece que no hay tanto interés en ampliar la información un poco más detallado.

2. Los cuatro evangelios que relata la vida de Jesús, desde que nació hasta que ascendió al cielo, se le puede llamar; el periodo de la preparación, y el proceso de la estructuración de la iglesia.

a. **Periodo de la preparación.** Jesús mismo, siendo niño, hasta la edad de su juventud, se preparó en todos los ámbitos de la vida. En la vida física, espiritual, social, familiar y laboral. Posteriormente, eligió a sus apóstoles de entre muchos seguidores, preparándolos académicamente, ensenándoles de muchas maneras y formas para entender el mensaje de Dios, su Padre. Dándoles algunos poderes sobrenaturales para hacer milagros, como muestra de que no estaban dejando en vano sus actividades, sus familias, y sus propias vidas. Durante el tiempo que Jesús vivió en la tierra, especialmente los tres años con sus discípulos, recorrieron distintos lugares, pueblos o ciudades.

b. Los cuatro evangelios, soporta los dos testamentos. Primero, es la culminación del antiguo pacto, hasta que nace Jesús. Segundo, es el principio del nuevo pacto, desde la llegada del espíritu Santo, para marcar una nueva era de la vida humana.

D. LO ERRÓNEO Y LO EQUIVOCADO DE LA TEORÍA.

La religión y algunos cristianos, sostienen que, a pesar de haber aceptado y convertido a Cristo, todavía se sigue siendo pecador. Alegando que nadie es justo, conforme lo dicho *Rom. 10:3.* Con ello se niega la eficacia de la justificación, la efectividad del sacrificio de Jesús en la cruz, el alcance de la gracia de Dios hacia el pecador.

1. La **Justificación**, del verbo justificar (argumentar, explicar). El señor Jesucristo fue, y es la justificación de todo creyente.
   a. Nadie y ningún ser humano pueden justificarse ante Dios, el Padre, así mismo
   Rom. 3:20. Ya que por las obras de la ley ningún ser humano será justificado delante de él; porque por medio de la ley es el conocimiento del pecado.
   b. Jesucristo, es la **justificación.** *Gal. 2:16. Sabiendo que el hombre no es justificado por las obras de la ley, sino por la fe de Jesucristo, nosotros también hemos creído en Jesucristo, para ser justificados por la fe de Cristo y no por las obras de la ley, por*

*cuanto por las obras de la ley nadie será justificado. Hech. 13:39.
Y que de todo aquello de que por la ley de Moisés no pudisteis ser
justificados, en él es justificado todo aquel que cree.* Lo que resalta
Gálatas 2:16. Es que nadie sigue siendo culpable de ningún
pecado después de haber aceptado a Cristo en su vida, puesto
que es justificado por la fe de Jesucristo.

Primero. Observemos cuidadosamente; *Sabiendo que el hombre no es
justificado por las obras de la ley, sino por la fe de Jesucristo.* Esta parte del
texto, hace referencia de que antes que Jesús naciera y anduviera en este
mundo, nadie podía justificarse por la ley de Moisés. Sin embargo, todos
aquellos que vivieron bajo la ley, creyeron en la venida del Mesías, y otros
que conocieron al Mesías, desde su nacimiento hasta su resurrección; a eso
se le dice, *sino por la fe de Jesucristo.*

Segundo. El escritor de Gálatas, agrega que, quienes creyeron durante
la estancia de Jesús, su niñez, su adolescencia, su juventud, su muerte, su
resurrección, y su ascensión, se le dice; *nosotros también hemos creído en
Jesucristo, para ser justificados por la fe de Cristo.*

2. **El Sacrificio de Jesús.**
El sacrificio de Cristo en la cruz, fue suficiente para declarar al hombre
sin culpa, digno de presentarse ante el Padre celestial, para recibir los
beneficios y tener los derechos que se adquieren al reconocer a Jesucristo
como el único salvador del mundo.

a. El amparo de todo creyente, es el sacrificio de Jesús. *Heb.
9:12. y no por sangre de machos cabríos ni de becerros, sino por su
propia sangre, entró una vez para siempre en el Lugar Santísimo,
habiendo obtenido eterna redención.*

*Efesios 5:2. Y andad en amor, como también Cristo nos amó,
y se entregó a sí mismo por nosotros, ofrenda y sacrificio a Dios
en olor fragante.*

*1ª Juan 1:7. pero si andamos en luz, como él está en luz,
tenemos comunión unos con otros, y la sangre de Jesucristo su Hijo
nos limpia de todo pecado.*

b. Por el sacrificio de Cristo, la actitud de todo cristiano, es única e invariable. *Heb. 13:15. Así que, ofrezcamos siempre a Dios, por medio de él, sacrificio de alabanza, es decir, fruto de labios que confiesan su nombre.*

3. **Alcance de la gracia.**

a. La gracia de Dios no depende de la condición del hombre para obtenerla, tampoco es una cualidad y característica, que va y viene en la vida del creyente. *Efe. 2:5. aun estando nosotros muertos en pecados, nos dio vida juntamente con Cristo (por gracia sois salvos). Efesios 2:8. Porque por gracia sois salvos por medio de la fe; y esto no de vosotros, pues es don de Dios.*

b. Todo hombre puede obtener la gracia de Dios, para siempre mientras permanece en la fe. *Ef. 1:7. en quien tenemos redención por su sangre, el perdón de pecados según las riquezas de su gracia.*

c. La gracia, es precedente para ser justificado ante Dios como ser inocente, limpio y digno de ser reconocido ante el Padre celestial. *Tito 3:7. Para que justificados por su gracia, viniésemos a ser herederos conforme a la esperanza de la vida eterna.*

Hebreos 4:16. Acerquémonos, pues, confiadamente al trono de la gracia, para alcanzar misericordia y hallar gracia para el oportuno socorro.

d. La gracia de Dios a través de Cristo, es indispensable poseerla para poder tener encuentro en su segunda aparición o regreso. *1ª Pedro 1:13. Por tanto, ceñid los lomos de vuestro entendimiento, sed sobrios, y esperad por completo en la gracia que se os traerá cuando Jesucristo sea manifestado.*

e. La gracia que Dios ofrece es compartible, de continuo desarrollo y crecimiento en la vida del creyente. *1ª Pedro 4:10. Cada uno según el don que ha recibido, minístrelo a los otros, como buenos administradores de la multiforme gracia de Dios.*

2ª Pedro 3:18. Antes bien, creced en la gracia y el conocimiento de nuestro Señor y Salvador Jesucristo. A él sea gloria ahora y hasta el día de la eternidad. Amén.

E. EL CONCEPTO DE LA IGLESIA.

1. **Ante los ojos de Dios**. La iglesia en general y en su conjunto, es vista y descrita como un gran pueblo o nación.
   a. Un pueblo propio. *Rom. 9.25. Como también en Oseas dice: Llamaré pueblo mío al que no era mi pueblo, Y a la no amada, amada.*
   b. Son llamados hijos de Dios. *26. Y en el lugar donde se les dijo: Vosotros no sois pueblo mío, Allí serán llamados hijos del Dios viviente.*

2. **La iglesia no es cualquier organización, cualquier grupo religioso.**
   a. Es Santa y gloriosa. *Efe. 5:26. para santificarla, habiéndola purificado en el lavamiento del agua por la palabra. 27. a fin de presentársela a sí mismo, una iglesia gloriosa, que no tuviese mancha ni arruga ni cosa semejante, sino que fuese santa y sin mancha.*
   b. La iglesia posee la absoluta verdad. *1ª Tim. 3.15. 15. para que si tardo, sepas cómo debes conducirte en la casa de Dios, que es la iglesia del Dios viviente, columna y baluarte de la verdad.*
   c. La iglesia está compuesta de atribuciones espirituales, y que deben reflejar en la vida física de cada creyente. *1ª Ped. 2.9-10. 9. Mas vosotros sois linaje escogido, real sacerdocio, nación santa, pueblo adquirido por Dios, para que anunciéis las virtudes de aquel que os llamó de las tinieblas a su luz admirable; 10. Vosotros que en otro tiempo no erais pueblo, pero que ahora sois pueblo de Dios; que en otro tiempo no habíais alcanzado misericordia, pero ahora habéis alcanzado misericordia.*

F. LA CALIDAD DE LOS CRISTIANOS.

Los cristianos, no son cualquier persona que pertenecen o forman parte de un grupo, organización o corporativo religioso. Aunque desafortunadamente, la religión, por una parte; es el responsable en la mayoría de la contaminación doctrinal en el cristianismo, y la otra parte, muchos cristianos son arrastrados por la falsa teoría, de que la iglesia está llena de pecadores, utilizando textos abstractos, a la conveniencia de los intereses predominantes; los cuales son, lo económico, lo político, la fama. Algunos han contradicho involuntariamente lo que dice la biblia, y otros en su mayoría, niegan y desobedecen los mandamientos de Dios con conocimiento de causa, ya que; desde la creación y durante el periodo del AT, una de las cualidades de Dios, es la perfección compartida con el hombre.

1. **Santidad.** En heb. *qádós* (santo) y *qódes* (santidad). Destinado al servicio de Dios. La Biblia revela que la santidad proviene y pertenece a Dios. Esto se registra en *Lev 11:44-45. Porque yo soy Jehová vuestro Dios; vosotros por tanto os santificaréis, y seréis santos, porque yo soy santo... 19:2... Santo seréis, porque yo soy santo.*

   a. Como Dios es santo, de la misma manera recomienda y pide que sean santos, a quienes considera sus hijos.

   b. La santidad, siendo de origen divino y perteneciente a Dios, no tiene caducidad, es insustituible e intransferible, no se puede heredar de alguien que sea o haya sido humano ni de los ángeles.

2. **Perfecto.** (heb, *tâm* o *tâmîm*), completo, correcto, recto, pacífico. Hombres, que sin tener el Espíritu Santo en sus vidas, sino que vivieron bajo la ley o los mandamientos de Dios, fueron reconocidos y clasificados, justos, rectos y perfectos.

   a. *Gen. 6:9. Noé, varón justo, era perfecto en sus generaciones, con Dios caminó Noé.*

   b. *Job 1:1. Varón llamado Job; y era este hombre perfecto y recto, temeroso de Dios y apartado del mal.*

3. **Justo.** Hebreo, *hagioi*, concerniente a los creyentes del AT. Entre los pecadores, y en toda la biblia, figuran mujeres y hombres justos, bajo la declaración directa de Dios.

   a. Abraham. *Gen. 18:23. Y se acercó Abraham y dijo: ¿destruirás también al justo con el impío?*

   b. Noé. *Gén 6:9. Noe, varón justo...*

c. José, esposo de María. *Mt 1:19. José su marido, como era justo...*

d. Zacarías e Isabel. *Lc 1:6. Ambos eran justos delante de Dios...*

4. Aunque, el relato del nuevo testamento, comienza desde el evangelio de Mateo, la aplicación del mismo, entra en vigor, después que la iglesia se funda o se establece en el día de pentecostés, con la llegada del Espíritu Santo. Esto significa, que los cuatro evangelios pertenecen o forman parte del AT. Sin embargo, los términos usados, en griego, como la santidad, ser justo y ser perfecto, es intransferible de algún ser humano. Por lo tanto, se obtiene por los propios méritos, todos los cristianos deben luchar y esforzarse constantemente, mantenerse en la vida de la santidad, justicia y entre otras muchas cualidades y características espirituales, desde que entregaron sus vidas en manos de Jesucristo.

1. Griego, *teleio.* Pleno, completo, perfecto.

   a. Jesucristo, es el origen y autor de los perfectos. Sin la perfección, no hay santidad, por lo tanto, es menester ser perfecto para ser santo. *Heb. 2:10. Porque convenía a aquel por cuya causa son todas las cosas, y por quien todas las cosas subsisten, que habiendo de llevar muchos hijos a la gloria, perfeccionase por aflicciones al autor de la salvación de ellos. Heb. 5:9. Y habiendo sido perfeccionado, vino a ser autor de eterna salvación para todos los que le obedecen.*

2. Una vez convertido a Jesucristo, la perfección no se pierde. Pero si se puede manchar o ensuciar, contaminar u opacar, por causa del pecado. *Heb 10:14. Porque con una sola ofrenda hizo perfectos para siempre a los santificados.*

   a. Quien cree en Jesucristo, y se declara cristiano, debe ser perfecto, y no es una opción o sujeto a voluntad humana. *Mt 5:48. Sed, pues, vosotros perfectos, como vuestro Padre que está en los cielos es perfecto.*

   b. Cada cristiano, es un ser espiritual, por ello, los espíritus de los justos (que no se refiere los espíritus de los muertos) son hechos perfectos. *Heb 12:23. A la congregación de los primogénitos que están inscritos en los cielos, a Dios el Juez de todos, a los espíritus de los justos hechos perfectos. Fil 3:15. Así que, todos los que somos perfectos, esto mismo sintamos...*

3. La aplicación del término ***hagioi,*** es para los creyentes del AT. Y es transferible por parte de Dios al NT, para los cristianos o nuevos creyentes. Esto quiere decir, que, el carácter, la forma y el fondo de la santidad, no cambia. No tiene nivel, categoría; por ejemplo, no se puede decir ni creer, que los que vivieron bajo el antiguo testamento, son o fueron menos santos, que los que están bajo el nuevo testamento. Por la simple razón, que es el mismo Dios de antes y de ahora.

a. *Ex. 19:6. Y vosotros me seréis un reino de sacerdotes, y gente santa... 22:31. Y me seréis varones santos... Salmos. 34:20. Temed a Jehová, vosotros sus santos.*

b. *Mt 27:52. Y se abrieron los sepulcros, y muchos cuerpos de santos que habían dormido, se levantaron...*

4. En el NT, no se puede, ni se debe negar, que todos los que están en Cristo Jesús, son y deben ser santos.

a. La **santidad**, es un calificativo de elevado nivel, que no pertenece a este mundo material ni pecador, porque la designación viene de Dios, y no de los hombres. *1ª Co 1:2. A la iglesia de Dios que está en Corinto, a los santificados en Cristo Jesús... Fil 4:21. Saludad a todos los santos en Cristo Jesús... Ef. 5:27. A fin de presentársela así mismo, una iglesia gloriosa, que no tuviese mancha ni arruga ni cosa semejante, sino que fuese santa y sin mancha. Heb. 13:24. Saludad a todos vuestros pastores, y a todos los santos. 1ª Ped. 1:15. sino, como aquel que os llamó es santo, sed también vosotros santos en toda vuestra manera de vivir.*

b. La **Santidad**, no es una opción a ser elegido ni es voluntario aplicarla en la vida cristiana, es un mandamiento de Dios. *Lev. 11:45. Porque yo soy Jehová, que os hago subir de la tierra de Egipto para ser vuestro Dios: seréis pues, **santo**, porque yo soy santo. 19:2. Habla a toda la congregación de los hijos de*

Israel, y diles: Santos seréis, porque santo soy yo Jehová vuestro Dios. 1ª Cor. 1:2. A la iglesia de Dios que está en Corinto, a los santificados en Cristo Jesús, llamados a ser santos con todos los que en cualquier lugar invocan el nombre de Nuestro Señor Jesucristo, Señor de ellos y nuestro. 2ª Cor.7:1. Así que, amados, puesto que tenemos tales promesas, limpiémonos de toda contaminación de carne y de espíritu, perfeccionando la santidad en el temor de Dios. Ef. 4:24. Y vestíos del nuevo hombre, creado según Dios en la justicia y santidad de la verdad.

c. **Justo.** gr. Ióustos

Lo mismo sucede en el carácter, y cualidad de la justicia. El que actúa (obra) según la voluntad de Dios, *justo,* es el hombre regenerado, reformado, rescatado, liberado del pecado, por la fe, por la gracia de Dios, por medio del sacrificio de Jesús en la cruz. *1ª Tes. 5:19. Porque así como por la desobediencia de un hombre los muchos fueron constituidos pecadores, así también por la obediencia de uno, los muchos serán constituidos justos. Tito. 1:8. Sino hospedador, amante de lo bueno, sobrio, justo, santo, dueño de sí mismo. Heb.12:23. A la congregación de los primogénitos que están inscritos en los cielos, a Dios el juez de todos, a los espíritus de los justos hechos perfectos. 1ª Ped. 3:12. Porque los ojos de Dios están sobre los justos… Apoc. 22:11. El que es injusto, que sea injusto todavía; y el que es inmundo, que sea inmundo todavía; y el que es justo, practique la justicia todavía; y el que es santo, santifíquese todavía.*

G. DISCREPANCIA DE INTERPRETACIÓN Y DE ENTENDIMIENTO.

Fil 3:12,15. Se trata de una mala interpretación y mal entendimiento, y como resultado final, una mala aplicación. *No que lo haya alcanzado ya, ni que ya sea perfecto, sino que prosigo, por ver si logro asir* (agarrar, tomar, atrapar), *aquello para lo cual fui también asido (*atrapado, tomado, agarrado*) por Cristo Jesús.* Esta cita, no se refiere el carácter y la calidad de la vida cristiana, ni se relaciona con la salvación que se obtiene cuando se recibe a Cristo.

1. **Primera** observación. Hay que identificar los elementos de lo que habla el texto, 3:1-11. Porque no se refiere la calidad de vida de los cristianos, ni hace alusión a ello.

   a. Pablo, siendo siervo de Jesucristo, advierte a sus colegas y a los demás cristianos; no caer en la falsa doctrina, no convertir el evangelio en un negocio, no volver a las prácticas antiguas, mantenerse firme en la misión de la justicia de Dios.

   b. *ni que ya sea perfecto*, significa que su objetivo en esparcir el evangelio no estaba completo (perfecto), que faltaba mucho por hacer obras de evangelismo en el ministerio a que fue llamado. El enfoque del texto, es en la difusión, evangelización, y ganar almas para Cristo.

2. **Segunda.** Cuando el apóstol Pablo vio de manera especial y explicita, cercana a la realidad que Dios le dio entender y conocer, afirma en su 2ª carta a *Timoteo. 4:7. He peleado la buena batalla, he acabado la carrera, he guardado la fe.* En esta ocasión, Pablo asegura que su llamado en servir a Cristo, estaba hecho (perfecto), su misión había llegado a plenitud.

   a. Cuando dijo, *ni que ya sea perfecto,* es referente al ministerio, y una vez, llegado el tiempo de la culminación a que fue llamado, lo sustituye en **2ª** *Timoteo. 4:7.*

H. MEDIDAS PREVENTIVAS.

1. La mejor medida para prevenir la falsa doctrina en la vida cristiana, es mantener firme la convicción en Dios, y ser guiado por la biblia.

2. Confiar plenamente en Jesucristo, en las enseñanzas de los apóstoles, estudiar, analizar, meditar, y acudir en oración, tal como lo hicieron los primeros cristianos.

3. Comparar el comentario u opinión de cualquier escritor, comentarista, investigador, o quien se identifique como una gran eminencia.

4. Tener la biblia como la única fuente fidedigna, entre más versiones distintas, se obtienen ideas variables de traducción, y es recomendable hacer uso el sentido común, con la ayuda e intervención del Espíritu Santo.

I. LA IGLESIA.

Vista de la iglesia, desde el punto panorámico bíblico, aunque existen muchas religiones o autonombradas iglesias, lo cierto, es que, Jesús murió por una sola iglesia, tiene una sola novia y esposa.

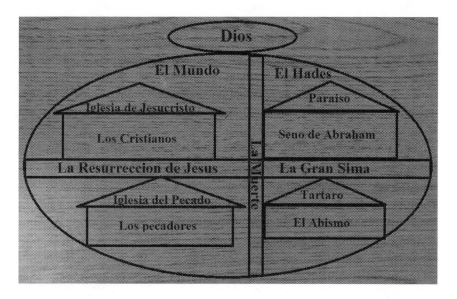

V | EL DERECHO PERMITIDO PARA JUZGAR.

A. INTRODUCCIÓN

Primero, estableceremos los antecedentes a juzgar, y luego lo que conlleva el proceso de emitir un juicio. Ya que la religión y la tradición, sostienen que nadie puede ni tiene derecho a juzgar, que está prohibido, que sólo Dios le corresponde el acto de juzgar, y obviamente, tienen su fundamento bíblico. La sociedad de todos los niveles, se apoyan en la teoría de no juzgar, para no ser señalados de sus errores, fallas, delitos y pecados, incluyendo los cristianos.

Segundo, los religiosos y algunos cristianos, dicen que no hay justo ni aun uno, haciendo uso *Rom. 3:10. No hay justo, ni aun uno.* Por lo tanto, nadie puede juzgar a otra persona, convirtiendo esta postura religiosa, una adopción cómoda, y así seguir cometiendo pecado a la vista de todos. Aquí, no es otra cosa, más que una conveniencia personal, familiar o de grupo. Porque Dios siempre tiene, y ve a sus siervos e hijos, como buenos y justos. Es por ello, que; en este análisis e investigación cuidadosa, se canaliza como antecedente histórico, donde hombres y mujeres, eran y fueron justos delante de Jehová, estando bajo la ley de Moisés, sin tener el Espíritu Santo en sus vidas, sabiendo que la ley era imperfecta.

Tercero, por encima del criterio u opinión humano o en particular, el arte de juzgar, efectivamente; no cualquiera lo puede ejercer. Tal como se define en las referencias claves, en hebreo y griego, para su mayor comprensión, en los términos con sus derivados, llamado, sinónimos, los requisitos a cumplir para ejercer el papel de juez.

Cuarto, en esta obra, se contrarresta la teoría religiosa que predomina dentro del cristianismo, se demuestra con claridad que son interpretaciones humanas, los cuales ha llevado a la deriva la calidad de la vida cristiana. En consecuencia, la iglesia se ve inmerso en el pecado, junto con los siervos (predicadores, pastores, misioneros, evangelistas), porque no hay nadie quien juzgue (señale, exhorte, llame la atención), con la cómoda frase, tú no eres nadie para juzgar. La teoría del derecho a no juzgar, es falsa, errónea, equivocada, y perjudicial. Su existencia, se debe a la falta del llamado, y la vocación de servir a Dios, a la dedicación al estudio, a la investigación amplia y fortuita, para el mejor crecimiento en conocimiento, y desarrollo en la vida espiritual.

B. ANTECEDENTES HISTÓRICOS.

En el antiguo testamento, se registra varios nombres de hombres que fueron justos, que sirve como antecedente (no un prototipo), para entender con mayor amplitud, de lo que aquí se expone en forma analítica, y bajo una investigación cuidadosa. Con el fin de establecer bases sólidas, para no permanecer más en la ignorancia por la mentira de la religión, y así, evitar que muchos cristianos, sigan cayendo en las trampas o mentiras satánicas. Porque, se debe tener presente y estar consciente, que; el padre de la mentira, es el Diablo. Cerciorarse de la verdad, que Dios tiene para quienes buscan servir con lealtad al Todopoderoso.

1. Noé, *Gen. 6:9. Noé, varón justo, era perfecto en sus generaciones; con Dios caminó Noé 7:1. Dijo Jehová a Noé: Entra tú y toda tu casa en el arca; porque a ti he visto justo delante de mí en esta generación.*
2. Tamar, *Gen. 38:26. Entonces Judá los reconoció, y dijo: Más justa es ella que yo, por cuanto no la he dado a Sela mi hijo. Y nunca más la conoció.*
3. José. *Mat. 1:19. José su marido, como era justo, y no quería infamarla, quiso dejarla secretamente.*
4. Zacarías y Elizabet. *Luc. 1:5-6. Ambos eran justos delante de Dios, y andaban irreprensibles en todos los mandamientos y ordenanzas del Señor.*

5. José de Arimatea. *Luc. 23:50. Había un varón llamado José, de Arimatea, ciudad de Judea, el cual era miembro del concilio, varón bueno y justo.*

C. REFERENCIAS CLAVES.

Términos. El verbo *Juzgar;* sinónimo de:

A. **Atribuir,** *Deut. 22:13-14. Y le **atribuyere** faltas que den que hablar, y dijere: A esta mujer tomé, y me llegué a ella, y no la hallé virgen.*
*Rom. 4:6-7. Como también David habla de la bienaventuranza del hombre a quien Dios **atribuye** justicia sin obras, diciendo: Bienaventurados aquellos cuyas iniquidades son perdonadas, Y cuyos pecados son cubiertos.*

B. **Considerar.** *Salmo. 5:1. Escucha, oh Jehová, mis palabras, **Considerad** (juzgad) mi gemir.*
119:59. Consideré (juzgué) mis caminos, Y volví mis pies a tus testimonios.
*Luc. 12:27. **Considerad** (juzgad) los lirios, como crecen; no trabajan, ni hilan; mas os digo, que aun Salomón con toda su gloria se vistió como uno de ellos.*
*Gal. 6:1. Hermanos, si alguno fuere sorprendido en alguna falta, vosotros que sois espirituales, restauradle con espíritu de mansedumbre, **considerándote** (juzgándote) a ti mismo, no sea que tú también seas tentado.*

C. **Hallar.**
*Jer. 2:34-35. Aun en tus faldas se **halló** (juzgó) la sangre de los pobres, de los inocentes. No los hallaste en ningún delito; sin embargo, en todas estas cosas dices; Soy inocente, de cierto su ira se apartó de mí. He aquí yo entraré en juicio contigo, porque dijiste: No he pecado.*
Mat. 21:19. Y viendo una higuera cerca del camino, vino a ella, y no hallo nada en ella, sino hojas solamente; y le dijo: Nunca jamás nazca de ti fruto.
Luc. 23:4. Y Pilato dijo a los principales sacerdotes, y a la gente: Ningún delito hallo en este hombre.
Hech. 23:9. Y hubo un gran vocerío; y levantándose los escribas de la parte de los fariseos, contendían, diciendo: Ningún mal hallamos en este hombre; que si un espíritu le ha hablado, o un ángel, no resistamos a Dios.

D. JUICIOS PRECEDENTES.

Hay juicios que no se ha tomado en cuenta en la biblia, los cuales son precedentes, desde el comienzo de la vida del hombre, hasta el establecimiento de la Iglesia, y que forma parte de la historia humana dentro del cristianismo. Estos tipos de juicios, consiste en lo humano y espiritual.

1. El **Primer juicio** que se llevó a cabo en contra del hombre, fue en el Huerto de Edén. Para entender cabalmente lo que es un juicio, es necesario identificar, los elementos, el proceso, característica, la sentencia y su vigencia.

   a. Los **elementos**. Se cometió el delito (pecado) en contra de la ley *(de todo árbol podrás comer, mas no del árbol de la ciencia del bien y del mal no comerás)* de Dios. Estando en el Edén y frente a Dios, *(Gen 3:8)*, el hombre pecó en dos sentidos.

   Primero, por la vía mental, sabían perfectamente no comer el fruto del árbol y decidieron actuar. Se evidencia que durante la conversación entre Eva y la serpiente, hablaron ampliamente acerca de lo que Dios les mandó, que no comieran el fruto del árbol.

   Segundo, literalmente comieron lo prohibido y se materializó el pecado. Pareciera que Jehová Dios, por un momento abandonó a su criatura, por el hecho de que empezó a buscarlos, diciendo; *¿Dónde estás tú?* La realidad, es que Dios los vio actuar, y nosotros hoy en día preguntaríamos; ¿Por qué Dios no lo impidió? La respuesta simple, es que, desde antes de la formación del hombre, la desviación o la salida del Edén, ya estaba previsto, puesto que Satanás y sus ángeles, ya estaba en el mundo, y habría una lucha frontal por la vida del hombre.

   b. El **proceso**, una vez hecho realidad el pecado, Jehová Dios, procedió a juzgar su criatura, los cuales interroga al infractor de su ley. *¿Dónde estás tú? ¿Quién te ensenó que estabas desnudo? ¿Has comido del árbol de que yo te mandé no comieses? ¿Qué es lo que has hecho?*

Lo que hay en un proceso judicial (penal), es la interrogación para declarase culpable o inocente. En este caso, el hombre (Adán) se declaró inocente, ya que trasladó la culpa a la mujer, la mujer (Eva) a la serpiente, y no asumieron la responsabilidad de los hechos. Mientras la serpiente (Satanás), con su silencio, asumió lo que había hecho. A pesar de no culparse, la pena recayó sobre los autores materiales (Adán y Eva), porque, ellos fueron los consumidores del fruto prohibido, al igual que los autores intelectuales, la serpiente y Satanás.

c.   El juicio en el Edén, fue de **carácter** espiritual y físico.

Espiritual, porque Dios, es espíritu, por lo tanto, los derechos y los privilegios espirituales, fueron quitados y restringidos para el hombre. En lo **físico**, porque el hombre, es creación, es materia temporal, levantada desde la tierra, también fueron restringidos algunos derechos y privilegios que tenía como ser humano. Al hombre (Adán), la facilidad de trabajar la tierra sin mayor dificultad, a la mujer (eva), procrear sin mayores dolores de parto. A la serpiente, que era una criatura que no se arrastraba, ni comía polvo de la tierra, y era de hermosura apariencia.

d.   La **sentencia,** el hombre fue sentenciado a muerte espiritual, y fue condenado a esclavitud del pecado en el mundo *(esto debe entenderse que, es la primera muerte)*, arrastrando consigo mismo la maldición de la tierra, del cual forma parte la estructura de su existencia, *Gen. 3:17, maldita será la tierra por tu causa.* La sentencia de la mujer fue, *Gen. 3:16. Multiplicaré en gran manera los dolores en tus preñeces; con dolor darás a luz los hijos…* La serpiente fue condenada, *Gen. 3:14, por cuanto esto hiciste, maldita serás entre todas las bestias y entre todos los animales del campo;* al mismo tiempo, a Satanás, quien estaba detrás de la serpiente, fue sentenciado a largo plazo y ser enjuiciado con otro método y otra forma. *Gen. 3:15. Y pondré enemistad entre ti y la mujer, y entre tu simiente y la simiente suya; ésta te herirá en la cabeza, y tú le herirás en el calcañar.*

e. La **vigencia de la sentencia**. Dos de los tres sentenciados, tuvo vigencia hasta la muerte y resurrección de Jesús, y la tercera, permanece igual.

El hombre fue absuelto cuando Jesús vino a la tierra, murió por la humanidad, y resucitó de la tumba para rescatar los derechos y privilegios, que el hombre tenía en huerto de Edén.

A la serpiente (Satanás), le fue quitado el poder de seguir reteniendo e impidiendo el flujo de los bienes espirituales hacia el hombre.

Mientras la tierra como el resto de la creación permanece igual, ya que su fin es temporal, y está destinada a ser quemada cuando llegue el día final.

2. El **segundo juicio**, así como el primer juicio fue en un sólo hombre con Adán, también lo fue dos mil años después, conforme el conteo bíblico.

a. Esto sucedió con el enviado de Dios, el mesías, el prometido, que tomó el cuerpo de hombre para salvaguardar la humanidad, sólo que, este hombre no conoció el pecado. Sin embargo, fue sometido bajo el mismo **elemento**, acusado de violar la ley de Dios, declararse y compararse con Dios, asumir el papel de salvador, ostentar poseer el poder divino.

b. El mismo **proceso** judicial. *¿No respondes nada? ¿Qué testifican éstos contra ti? ¿Luego eres tú el Hijo de Dios? ¿Eres tú el rey de los judíos?* La pregunta similar que Adán, *¿Qué has hecho?*

c. Con el mismo **carácter**, espiritual y físico. Por identificarse como hijo de Dios o como Dios mismo en la tierra, para perdonar pecados, hacer múltiples milagros que sólo Jehová Dios le pertenece. Lo acusaron de actuar por el poder de los demonios.

d. La misma **sentencia**. A pesar de que se declaró culpable por su silencio, y ser encontrado inocente ante sus acusadores y las autoridades, fue sentenciado a muerte de Cruz, morir y ser expulsado del mundo de los humanos vivos. A diferencia de que, como no cometió delito (pecado) en contra de Dios, fue absuelto de toda culpa espiritual por parte del Padre celestial, al igual que en lo humano. Por esa razón, la muerte (Satanás) no venció sobre él, como sucedió con el primer hombre, en el primer juicio que antecede. Como es de notarse, ya ocurrieron dos juicios, identificándolo, como juicios precedentes. Sin embargo, queda un tercer juicio, anunciado en el libro de Apocalipsis, lo cual, no es conocido como tal (tercer juicio).

E. LA INTERPRETACIÓN RELIGIOSA.

1. Es la religión, quien dice, nadie puede juzgar a nadie, no hay quien haga el papel de juez, todos somos pecadores. Para fortalecer esta falsa enseñanza, cita el texto de *Juan. 8:7*. Que, dice; *Y como insistieron en preguntarle, se enderezó y les dijo: El que de vosotros esté sin pecado sea el primero en arrojar la piedra contra ella.* Agrega otro texto para convertir la falsa interpretación como una verdadera doctrina, que se basa o se fundamenta en *Rom. 3:10. Como está escrito: No hay justo, ni aun uno.*

2. La religión mal interpreta y mal entiende el texto en que se apoya, porque ignora que, es una referencia desde los *Salmos 14:1-3*, que dice; *Dice el necio en su corazón: No hay Dios, se han corrompido, hacen obras abominables; no hay quien haga el bien.*

3. *No hay justo, ni aun uno.* Esta frase, nada tiene que ver con la calidad de vida y las acciones del creyente, sino que; el texto indica que ningún ser humano puede presentarse ante Dios, Padre, como hijo de Dios y justo. Solamente Jesucristo, es el único justo de entre toda la humanidad, quien puede presentarse con el Padre, que puede abogar, intervenir, mediar en favor del hombre. Jesucristo es el único justo quien cumplió los requisitos para rescatar al hombre, y ofrecer salvación quien se acerque a él. Sin Jesucristo, nadie puede presentarse ante la presencia de Dios.

F. POSTURA BÍBLICA.

1. En el AT, se puede leer, que el acto de juzgar, no tiene caducidad o derogación. *Deut. 1:16'17. Y entonces mandé a vuestros jueces,*

diciendo: Oíd entre vuestro hermano, y juzgad justamente entre el hombre y su hermano, y el extranjero. No hagáis distinción de persona en el juicio, así al pequeño como al grande oiréis; no tendréis temor de ninguno, porque el juicio es de Dios; y la causa que os fuere difícil, la traeréis a mí, y yo la oiré.*

2. En el NT, se puede leer la continuidad y la vigencia del juicio. Sobre todo, para quienes sostienen la idea de no juzgar. *Jn. 7:24. No juzguéis según las apariencias, sino juzgad con justo juicio. 1ª Ped. 4:6. Para que sean juzgados en carne según los hombres, pero vivan en espíritu según Dios.*

3. Los cristianos, siempre están en juicio por conocidos y extraños, y esto, no es voluntad del hombre, sino de Dios. Aunque no agrada que alguien señale, y diga algún delito o pecado, se debe aceptar y corregir, la forma y la manera de vivir como siervos de Dios.

G. LOS JUSTOS EN EL ANTIGUO TESTAMENTO.

1. En el antiguo testamento. Aunque la mayoría de las personas que han existido, y existen durante la era o la vida del ser humano. Lo cierto es, que ha habido hombres o personas fieles a Dios.

1. Personas que vivieron durante la época de todos los períodos desde la creación, hasta el nacimiento de Jesús.

    Salmo. 14:5. Ellos temblaron de espanto; Porque Dios está con la generación de los justos. 32:11. Alegraos en Jehová y gozaos, justos; Y contad con júbilo todos vosotros los rectos de corazón. 37:29. Los heredarán la tierra, Y vivirán para siempre en ella. Prov. 3:33. La maldición de Jehová está en casa del impío, Pero bendecirá la morada de los justos. 11:28. El que confía en sus riquezas caerá; Mas los justos reverdecerán como ramas. 29:2. Cuando los justos dominan, el pueblo se alegra; Mas cuando domina el impío, el pueblo gime. Ecl. 3:17. Y dije yo en mi corazón: Al justo y al impío juzgará Dios; Porque allí hay un tiempo para todo lo que se quiere y para todo lo que se hace. 9::1. Ciertamente he dado mi corazón a todas estas cosas, para declarar todo esto: que los justos y los sabios, y sus obras, están en la mano de Dios; que sea amor o que sea odio, no lo saben los hombres; todo está delante de ellos.

2. En el nuevo testamento.

Mat.5:45. Para que seáis hijos de vuestro Padre que está en los cielos, que hace salir su sol sobre malos y buenos, y que hace llover sobre justos e injustos. Luc. 5:32. No he venido a llamar a justo, sino a pecadores para el arrepentimiento. Rom. 2:13. Porque no son los oidores de la ley los justos ante Dios, sino los hacedores de la ley serán justificados. Heb. 12:23. A la congregación de los primogénitos que están inscritos en los cielos, a Dios el juez de todos, a los espíritus de los justos hechos perfectos. Stgo. 5:16. Confesaos vuestras ofensas unos a otros, y orad unos por otros, para que seáis sanados. La oración eficaz del justo puede mucho. 1ª Ped. 3:12. Porque los ojos del Señor están sobre los justos, Y sus oídos atentos a las oraciones; Pero el rostro del Señor está contra aquellos que hacen el mal. Apoc. 22:11. El que es injusto, sea injusto todavía; y el que es inmundo, sea inmundo todavía; y el que es justo, practique la justicia todavía; y el que es santo, santifíquese todavía.

3. Por excelencia, el cristiano, es visto delante de Dios, un ser justo, no por sus propios medios, ni por sus obras. El nivel de su espiritualidad, se debe por el alcance de la gracia de Dios. *Tito. 3:1-11. Para que justificados por su gracia, viniésemos a ser herederos conforme a la esperanza de la vida eterna.*

1. En el antiguo pacto, a pesar de la imperfección de la ley, hubo hombres y mujeres que fueron clasificados como justos. *Rom. 4:1-7. Porque si Abraham fue justificado por las obras, tiene de qué gloriarse, pero para con Dios. Stgo. 2:20, 23.Y se cumplió la escritura que dice; Abraham creyó en Dios, y le fue contado por justicia; y fue llamado amigo de Dios.*

2. Por medio del sacrificio del Señor Jesucristo, *Rom.5:1,9. Justificados, pues, por la fe tenemos paz para con Dios por medio de nuestro Señor Jesucristo.*

3. La fe, es fuente y el medio de la justificación para ser justos. *Gal. 2:16. Sabiendo que el hombre no es justificado por las obras de la ley, sino por la fe de Jesucristo, nosotros también hemos creído en Jesucristo...*

4. La obra de la fe, se muestra en el bautismo, y el sello, que es el Espíritu Santo, acredita para ser declarado, justo. *Rom. 6:7. Porque el que ha muerto, ha sido justificado del pecado.*

5. De acuerdo con los textos del antiguo y nuevo testamento, a quienes Dios llama justos, no están relacionados en ningún sentido con la materia ni con lo físico. Es lógico, que, siendo cristiano, todas las acciones y los dichos en la vida diaria, deben ser justas, correctas, agradables ante Dios y ante el mundo.

H. DISCREPANCIA DE INTERPRETACIÓN Y ENTENDIMIENTO.

1. La religión, humaniza los textos, e interpreta la misma, para apoyar su falsa teoría. Lo que significa, que pueden seguir cometiendo delitos y pecados. No importa, aunque, tales prácticas vayan en contra de la moral, cultural, doctrinal y espiritual, en perjuicio de la iglesia cristiana, local o en general. Prueba de ello, los predicadores, misioneros, evangelistas o pastores; roban, cometen adulterio, engañan, insultan, y maldicen al amparo de; *no hay justo ni aun uno.* Y al final de cuentas, los miembros o los feligreses, llevan una vida desordenada, no están dispuestos a aceptar ni reconocer sus delitos o pecados, mucho menos, para corregir los males, que daña y afecta a la sociedad en que se vive.

2. La palabra de Dios en general, se enfoca en el ámbito espiritual, su interés, es la espiritualidad del creyente, y el creyente, se encarga de conceptualizar o materializar su fe con sus obras, por ejemplo; la biblia habla de humildad, y es la humildad espiritual que debe reflejar en la vida humana del cristiano. Otro ejemplo, ser justo, primero es ante Dios, y luego ante el mundo.

3. La religión con su teoría errónea, niega la eficacia del Señor Jesucristo, por medio de su sacrificio en la cruz con su muerte. Desecha la doctrina de la justificación que Dios otorga a los arrepentidos, y salvos conforme al mandamiento en Mateo 28:28.

I. EL DERECHO PARA JUZGAR.

A. Al decir juzgar, no es lo mismo que crítica, comentario, chisme o difamación. La biblia establece tres procedimientos distintos, e identifica los actores procesales.

1. Un acto de pecado o ilícito, no puede ni debe intervenir nadie, más que los involucrados, ofensor y ofendido. *Mat. 18:15. Por tanto, si tu hermano peca contra ti, ve y repréndele estando tú y él solos; si te oyere, has ganado a tu hermano.* Se usa la palabra *reprender*, que no significa, reganar, reclamar o exigir; sino se trata de juzgar, analizar, evaluar un asunto perjudicial, luego llegar a un acuerdo entre el ofendido y ofensor.

2. Si entre dos personas no se ponen de acuerdo, una vez que hayan tenido un encuentro conciliatorio. El segundo proceso es, *Mat. 18:16. Mas si no te oyere, toma aún contigo a uno o dos, para que en boca de dos o tres testigos conste toda palabra.* Esos testigos, no son ajenos al problema. No cualquier persona, puede ni debe estar presente, en un asunto conflictivo, se necesita tener conocimiento de lo que se trata, y esas personas deben tener criterio propio, y sin favoritismo.

3. La biblia no especifica ni tipifica el pecado, por lo tanto; puede tratarse cualquier delito dentro de la iglesia. *Mat. 18:17. Si no los oyere a ellos, dilo a la iglesia; y si no oyere a la iglesia, tenle por gentil y publicano.* El caso puede ser mixto, entre creyente e incrédulo, el cristiano tiene más responsabilidad conducirse correctamente. Tiene derecho denunciar antes las autoridades competentes, trátese civil, penal o de cualquier otra índole.

B. Se debe tener muy en claro, que juzgar, no es lo mismo, reclamar, exigir o reganar.

1. Antes de someter a juicio a alguien de la congregación, sea individual (entre el presunto culpable y el testigo u ofendido), sea familiar (entre los hermanos, esposos o hijos), o de grupo (entre los cristianos, ancianos o predicadores). Es indispensable dedicar tiempo desde mucho antes, una ferviente oración, una amplia reflexión hacia uno mismo, para tomar un posicionamiento

respecto la determinación que se habrá de hacer sobre un caso en específico. Asumir un espíritu de humildad, para una posible solución favorable, sin el ánimo de perjudicar al infractor como tampoco la iglesia en general.

2. Los requisitos para juzgar un acto pecaminoso, ilegal, contrario a los principios morales y espirituales, sin involucrar las leyes del estado o país. Se debe separar un delito o pecado de otros actos ilícitos, por ejemplo; si se tiene que juzgar un acto de robo, no se puede meter o mencionar otro acto, que es de borrachera, ambas cosas nada tienen que ver entre sí.

3. Los predicadores deben tener la capacidad de dirimir, y seguir con exactitud los procedimientos bíblicos, incluyendo las leyes civiles o penales de cualquier estado o país. Ya que la ley civil, y Dios, no permiten la violencia física, moral, psicológica y de cualquier otra cosa, contra una o varias personas. De no tener la capacidad y conocimiento de las mismas, es prescindible acudir a alguien que tenga mayor información, preparación y espíritu conciliador.

4. Se debe tener conocimiento de causa, esto es; un juicio no puede basarse sobre un chisme, sobre rumores, sospechas o presunciones. Dios abomina y condena tales acciones. Tampoco, se debe hacer en cualquier momento, ni en cualquier lugar. Por ejemplo, muchas congregaciones quieren arreglar asuntos o problemas durante la escuela dominical o durante el culto. Sin calcular el perjuicio a la iglesia, muchas veces se enfrentan después del culto, en el patio o en la calle, a la vista de la gente incrédula.

5. Solamente quien haya atestiguado un acto pecaminoso o ilegal, tiene la obligación de acusar directamente al presunto infractor, o hablar personalmente en forma de exhortación, puesto, que; en esta parte, la única regla o ley en cualquiera de los casos, es la biblia, donde se establecen condenas y penas.
   a. Quienes pueden intervenir, son los ancianos y el predicador, si no existen tales funcionarios eclesiásticos, entonces; el

responsable de la congregación, con apoyo de dos o tres miembros activos, tiene el derecho a actuar sabiamente.

b. No quienes asisten de vez en cuando u ocasionalmente. Nunca debe decirse, *se rumora, se sospecha, se dice, se comenta, o se presume que; usted anda mal o ha cometido pecado.*

6. Nadie puede juzgar a nadie sin haber revisado su expediente personal y actualizado. Esto significa, que; el juzgador, no debe estar en el mismo delito o pecado a tratar, en el tiempo presente. La historia negra del juzgador, no interfiere en un asunto actual o de momento.

a. Esto lo explica amplia y detalladamente; *Mat. 7:1-5. Luc. 6:37-42*, por ejemplo; *No juzguéis, para que no seáis juzgados.* Al juzgador no le compete juzgar un acto de adulterio, cuando él o ella misma, vive en adulterio, no que haya cometido adulterio desde hace tiempo. Es por eso, que el señor Jesús, dice; *¿Y por qué miras la paja que está en el ojo de tu hermano, y no hechas de ver la viga que está en tu propio ojo?* En otra ocasión, dijo el Señor Jesús, *el que de vosotros esté sin pecado* (sin adulterio, que no sea adúltero en este momento) *sea el primero en arrojar la piedra contra ella.* Muchos interpretan y entienden, que esta frase indica o se refiere de todos los pecados, cuando en realidad; se trata de adulterio, y no otro tipo de delito o pecado.

b. Aunque muchos cristianos pretenden juzgar a uno o a varios hermanos, no lo pueden hacer, porque están en el mismo pecado. Por ejemplo, no pueden juzgar a un hermano ladrón de sillas o de dinero de la tesorería, porque ellos mismos viven en el robo; no que haya robado hace tiempo, sino en el momento o en la actualidad. A eso, se le llama, *¡Hipócrita, saca primero la viga de tu propio ojo, y entonces verás bien para sacar la paja del ojo de tu hermano!* Es evidente, que; aquí consta, que sí se debe juzgar un acto ilícito, legal o espiritual, la única condición, es no estar en el mismo delito o pecado.

c. Para justificarse algunos cristianos, y bajo la sombra de la religión, dicen que nadie puede juzgar a otra persona, porque el juzgador o los juzgadores, son mentirosos, son borrachos, maldicientes. Sacan una lista de pecados, para encubrir sus propios delitos.

7. Nadie puede ser sometido a juicio sin tener pruebas testimoniales, y hechos reales. Esto significa, que deben estar presentes, el acusador o acusadores, a igual que el infractor o infractores.
    a. No actuar como los fariseos, en el tiempo de Jesús, que trajeron a la mujer adúltera, pero no presentaron al hombre adúltero.
    b. No basar una acusación bajo sospechas, sobre rumores, de chismes, de críticas, ni de presunciones (presunto) o de imputaciones (imputar) inexistentes.

J. LO EXTREMO Y LO PROHIBIDO DEL JUZGADOR (JUEZ).

La mayoría de las iglesias, y de las religiones, no se permite juzgar; predomina la teoría, que nadie puede juzgar a nadie, porque nadie es justo. Sin embargo, cometen un acto ilícito o de injustica, pecaminoso y totalmente fuera de la palabra de Dios, al poner en práctica, este criterio humano.

A) Primer extremo.

Cuando un feligrés comete pecado, lo exponen en pleno culto o estudio dominical, o al final de la actividad eclesial. En vez de buscar una audiencia, un lugar y un tiempo adecuado. En lugar de ponerse de acuerdo, para orar con esa persona en especial, ocupar la biblia para una buena consejería; mejor divulgan el pecado cometido, exhiben al pecador, y todo se vuelve como un ajusticiamiento improcedente, y fuera de los márgenes espirituales.

B) Segundo extremo.

De igual manera sucede en otro extremo, comúnmente se ve en los líderes, pastores, predicadores, ancianos, diáconos, y otros que se dicen misioneros o evangelistas.

1. Cometen uno o varios pecados, por ejemplo; comercializan con el evangelio, esto es; cobran para ir a predicar, dar una conferencia, establecen una cantidad. Hacen una lista inflada (falsa) de miembros activos en sus congregaciones para recibir más ayuda económica, ser admirados y reconocidos como buenos empleados.

2. Exigen el diezmo o la ofrenda, como si estos fueran obligatorios, y cuando no logran este objetivo, entonces, intervienen las asociaciones religiosas extranjeras, sobre todo; de Estados Unidos, para solventar las necesidades de los embajadores religiosos.

3. Entre ellos (la cúpula), no se juzgan ni se condenan, ante los actos ilícitos cometidos, tal pareciera que se felicitan por encubrirse mutuamente. Ni los feligreses dicen algo, porque piensan y creen, que a su líder no se le puede juzgar o decir nada.

4. Como resultado final, se tiene el concepto que, quien está en frente o dirige la congregación, es infalible. Por lo tanto, los miembros comunes, (que no forman parte de la cúpula ministerial) no pueden ni tiene derecho a cuestionar, interrogar (juzgar), ni establecer reglas de disciplina o de corrección.

C) Lo prohibido.
1. Al juzgador (juez), no le es permitido dictar sentencia (veredicto) a culpable o inocente.
2. Al juzgador, no le es permitido condenar o premiar (sancionar, castigar) a nadie, sea culpable o inocente.
3. El juicio no tiene otro fin, más que para remediar y solucionar el problema, así evitar que la iglesia en general, se contamine, pierda credibilidad y caiga en decadencia espiritual y numérica.

K. MEDIDAS PREVENTIVAS.

Cuando un miembro de la iglesia, sea, o es hallado culpable, se debe tomar en cuenta tres procedimientos importantes.
1. En los derechos espirituales, al culpable, no se le puede condenar (Prohibir) en las áreas (Derechos) o relaciones espirituales. Eso significa, que puede seguir asistiendo con toda la normalidad que

ha tenido desde siempre, participar en los beneficios y derechos básicos. Acceso a la Comunión (Santa Cena), ofrendar o diezmar, cantar junto con la congregación.

2. En lo administrativo, deja de ser miembro activo, no debe ejercer ningún cargo ni función eclesial, como consejero, maestro, tesorero, dirigir, predicar en el pulpito. No debe tener voz ni voto en los asuntos de la congregación, en la planeación, ni en la toma de decisiones.

3. La congregación es quien debe establecer el tiempo de disciplina, con duración mínimo de un año, y promedio de dos años.

4. Para que la persona disciplinada se reincorpore como miembro activo, es el arrepentimiento dentro de los términos establecidos previamente. Por otra parte, la congregación debe evaluar, la conducta, el testimonio, el cambio y la disposición del interesado, en volver a ser miembro activo, y retomar los privilegios eclesiales administrativos.

NOTA: El supremo juez, el último y el máximo juez, y juez de todos los jueces, es Dios, a él corresponde juzgar los actos espirituales y celestiales, *Heb. 12:23. a Dios el Juez de todos.* Mientras los cristianos, sólo pueden juzgar las cosas que corresponden a este mundo. Se puede ejemplificar de esta manera, con el caso de adulterio.

1. Los cristianos no pueden juzgar un adulterio oculto o reservado para Dios, *Todo hombre que ve a una mujer deseándola, ya adulteró con ella, o en viceversa, toda mujer que ve a un hombre deseándolo, ya adulteró con él.* Nadie tiene el poder ni el alcance para detectar la magnitud de tal acto. Porque no conocen el corazón, la mente y el espíritu de la persona, el único que sabe todo, es Dios. Por tanto, a él, compete determinar, quién es culpable o inocente. A menos que el adulterio, sea muy notorio, palpable y perjudicial en la congregación o iglesia.

2. Los cristianos tienen el derecho, y la competencia de juzgar un acto de adulterio, cometido dentro y fuera de la iglesia o cristianos. Esto se debe, que los creyentes pueden ver y detectar el adulterio, y está al alcance de la iglesia para prevenir y corregir.

L. ESPACIO DE REFLEXIÓN

1. EL ARTE DE JUZGAR

Olvidar el propio ser, para introducirse hacia el mundo desconocido. Negar la propia realidad para poder comprender donde otros se han perdido, entender la situación de los extraños con el alma congelada. Convertirse como un objeto, para no sentir ningún dolor, y nunca perder la vista donde sale el sol. Apagar la luz interna, para encontrar una antorcha en la oscuridad ajena. Mostrar un corazón y un espíritu inquebrantable, para no cometer error del cual se puede arrepentir. Seguir el camino que otros han trazado, hasta llegar a la meta final que se han propuesto fijar. Abandonar la amistad a cambio de la ética, renunciar los intereses por una vocación íntegra, conducirse en la senda del profesionalismo por una satisfacción plena. Observar la balanza con los ojos del entendimiento, escuchar el sonido con el oído de la sabiduría. Decidir con el respiro de la inteligencia. Absolver con el aliento del conocimiento. Llegar a la casa de la verdad, para abrir la puerta quienes vagan por el mundo. Abrir las ventanas, para que haya menos tropiezo quienes se desviaron del camino correcto. Invitar a los viajeros descansar en el lecho de la honestidad. Hacerlos sentar todos a la mesa, para que coman, beban, platiquen y rían. Porque he aquí, hago acto de presencia, no para asustaros, sino para prevenir, no para infundir temor, sino confianza y seguridad. Vivo para proteger la razón, defender la inocencia, actúo contra el mal y a favor del bien. Es mí ser, mi vida y mi esencia, que no debo estar en contra del gobierno, porque soy el mismo gobierno que tiene la ley en la mano. En contra de la ley no puedo ir, porque soy la misma ley que tiene ojos, oídos en todos los rincones de la vida, y por eso; solo pido obediencia. Yo no me hice, como me ven, sino soy como me hicieron para bien o para mal. Criticar las reglas que rige la sociedad, va contra mi principio. No puedo condenar a nadie sin que haya dicho la verdad o la mentira, porque soy el mismo derecho que todos buscan y pisotean con sus intereses personales. A la justicia no le veo defecto, sino los actores que pretenden ser justos, siendo injustos. No puedo ir contra de la desigualdad, porque soy la misma igualdad que muchos ignoran. Soy incapaz de ir contra mi propia vida, porque no soy ningún suicida.

2. Mi experiencia inolvidable.

Quiero compartir con usted, que hace 34 años, Dios me permitió ser madre por primera vez. A pesar de los chismes, de críticas y todo lo que decían de mí. Fue muy bonito, aunque me las vi duras, una semana de dolores abdominales, en los riñones, y alta temperatura, no venía bien mi hijo, y no podía nacer, porque estaba yo estrecha. Una semana ahí hospitalizada, hasta el día viernes que me bajaron a la sala de expulsión, y me inyectaron no supe qué fue, que para apresurar los dolores y dilatar, pero no se pudo, hasta a las seis de la mañana de dilatación. Llegué, entraban y salían, y yo nada mas no podía, y vi un bebe nacer en una camilla, y me fue a revisar un doctor, y dijo, quien estaba a encardo de mí, y se fue a buscar al doctor responsable, y no lo encontró, regresó y dijo a la enfermera, prepárenla para cesárea, su parto se está pasando, le falta oxígeno al bebé. Y rápido me prepararon entre varios, y corriendo me llevaron al quirófano. Me anestesiaron, pero no esperaron mucho para abrirme la panza, me dolió mucho, sentí el bisturí, cortándole el vientre, sentía cómo me iban cortando, después oía pinzas, y varias cosas. Después de un ratito, sacaron a mi bebé, estaba todo mojadito, no podía llorar, me dijeron, es un varón, le sacaron las flemas, y no lloraba, lo pusieron de cabeza, y le dieron una nalgada, y no reaccionaba, le pusieron oxígeno, y reaccionó, y lloró bien fuerte, me lo enseñaron y me dijeron, es un varón, pesó tres kilos, cero 75 gramos. Siendo las siete 33. Am. Le di gracias a Dios, después lo bañaron, mientras a mí, no sé qué me hacían tanto. Sentía dentro de mi vientre manos, después de un rato, me pasaron a piso, y me llevaron a mi bebé, para mí fue algo tan hermoso.

Reflexión. Pareciera que, quien comparte la experiencia, siempre estuvo sola, sin familiares, amigos o alguien cercano. Tal vez, todos estaban en sus quehaceres, pero Dios, en representación de las enfermeras, y los doctores, siempre estuvo presente, por eso dijo, *le di gracias a Dios.* Si sientes que tu familia no está contigo, otras familias estarán a tu lado, para apoyarte y animarte.

VI | LA DECADENCIA ECLESIÁSTICA

A. INTRODUCCIÓN.

Intencionalmente, en este capítulo no se mencionan textos bíblicos, por lo tanto; queda bajo responsabilidad del lector, investigar conforme el interés que tenga en particular. Ya que todo lo que se expone en esta materia, fueron analizados, consultados y comparados en los diferentes libros de la biblia.

1. Muchos predicadores, comúnmente conocido como pastores, argumentan en su postura que la falta del crecimiento numérico de la iglesia, se debe que los miembros no trabajan en la evangelización, no tienen la iniciativa de visitar a familiares, amigos y conocidos para hablarles del evangelio. También, afirman que los congregantes ya están cabalmente preparados para compartir el evangelio, sólo necesitan ir a las calles y visitar casa por casa, repartiendo folletos o simplemente hacer oraciones. Asimismo, esos pastores han inventado que, para motivar a la gente a congregarse y convertirse a Cristo, implementan varios tipos de eventos recreativos, varias acciones atractivas, y como complemento de los anteriores, abren la puerta de la libertad para hacer lo que guste, al fin y al cabo, todo lo que se hace en la iglesia, es para honra y gloria de Dios.

2. La realidad, es que son otros los factores que impiden el crecimiento de la iglesia local, que muchos predicadores han pasado por alto, no han tenido el valor de combatir tales factores, doctrinales y espirituales ¿Qué hay dentro de la iglesia o del cristianismo? Ocho

factores más relevantes que se puede llamar, la presencia del pecado en la iglesia:

B. FACTORES PERJUDICIALES.

1. **La *mentira* (farsa, ficción, invención).** Por medio de la mentira, muchos evangelistas, predicadores o quienes anuncian el evangelio de salvación a través de medios o eventos masivos, empieza con la mentira, disfrazada como verdad o cierta.

1. Mensaje de promesa falsa.

Esto consiste en prometer en nombre Cristo, que todos los problemas, económicos, de salud, en el matrimonio, con los hijos, laboral y de cualquier otra índole, Dios los va solucionar, una vez que se hayan convertido a Cristo.

a. Aseguran y afirman, que Dios soluciona cualquier tipo de problema que el ser humano le aqueja, solamente necesitan creer en Jesucristo, tener mucha fe, leer la biblia y orar mucho.

b. Es ahí donde la gente empieza a asistir en el templo, en busca de una solución a algunos de sus problemas, en busca de una ayuda del que puedan salir adelante, mas no en busca de la salvación, del perdón de pecados, y menos en busca de Dios. No se convierten a Cristo por amor a Dios, sino por amor a ellos mismos, para sentirse bien y esperanzados en la promesa que les hicieron antes de convertirse al cristianismo.

c. Quienes llegan a los pies de Cristo con la intención de satisfacer y cumplir sus intereses, no son los responsables ni culpables; sino quienes anunciaron y transmitieron el mansaje con esa finalidad, ganarlos por medio de métodos engañosos.

d. Un tiempo después, los nuevos creyentes no ven resultados favorables, se dan cuenta que fueron engañados con promesas falsas, vuelven a ser igual como vivían antes. No hay ningún cambio de mentalidad, de actitud, de parecer ni de carácter, aunque siguen asistiendo regular o periódicamente en las actividades de la iglesia, el testimonio en general, es negativo, mal visto por los no cristianos.

2. **La *mercadería* (mercancía, abarrote, producto) del evangelio.**
Los mensajeros del evangelio en general, tal vez de un principio tiene o tuvo una buena intención de ser siervos de Dios, compartir el mensaje de salvación, que es lo más elevado y admirado por parte de Dios.

a. Conforme pasa el tiempo, se descubre que se convierten en comerciantes, no pueden ir a predicar en ninguna parte sin haber o tener un sostenimiento económico. Ponen o establecen un salario, fijan una cantidad que deben recibir al ir y venir de tal evento. No importa cómo vivan o consigan los hermanos, aquí lo importante es que paguen, de lo contrario, no hay estudio, ni predicación, ni evangelismo.

b. Son empleados de alguna agencia o asociación religiosa, son enviados y respaldados por una o varias congregaciones, establecidas en Brasil, Europa, y principalmente, en Estados Unidos. Asumen una política imperialista dentro de la iglesia o de cualquier religión. ¿Qué es la idea imperialista en las religiones insertado en el cristianismo? Que todo es salario, sueldo o pago por servir en la iglesia. Sin honorarios, sin recompensa, sin alguna garantía de pagos viáticos, incluyendo hospedaje y alimento; no se puede ir a predicar o evangelizar donde se solicita la participación de un evento eclesial, o donde no hay iglesia o misión establecida.

Ejemplo de ello, en Estados Unidos, todos los diezmadores de una iglesia, cada fin de año reciben una carta o un recibo, donde se acredita y consta la cantidad que aportaron durante el año, con el fin de reportarlo al IRS (Secretaría del tesoro) (en México Secretaría de Hacienda) para que el gobierno les perdone los impuestos en sus negocios o les devuelva parte de lo entregado, que se considera como inversión al gobierno.

Otro ejemplo, todas las congregaciones, agencias o asociaciones religiosas, mandan misioneros a diferentes partes del mundo, cada mes mandan para solventar a sus empleados, conocido comúnmente, misioneros. De igual forma, esas agencias o iglesias, al declarar sus impuestos anuales ante IRS, se condonan ciertos impuestos o el IRS devuelve una parte de lo aportado al gobierno.

c. Como referencia comparativa; todas las escuelas en el país de Estados Unidos, cada estudiante en la primaria (elementary School), siendo el año 2019, tiene un valor promedio de 450 dólares mínimo, más un cierto porcentaje de estímulo por asistencia perfecta u otros rubros que el gobierno aporta. Los menores de edad, sin tomar en cuenta su estado legal, no tienen restricciones académicas, ya que los Superintendentes (Secretarios de Educación), los defiende y lucha por tenerlos protegidos, pero no por amor a los menores, sino porque representan un ingreso económico en el distrito escolar (Zona escolar) a la que pertenece.

d. Como es de notarse, en los ejemplos y en la comparativa, actualmente, la iglesia está inmersa en la práctica anticristiana. Los siervos de hoy, en pleno siglo veintiuno, ven a los feligreses o congregantes como una mercancía, y la mayoría de las congregaciones, no saben de cuánto recibe su pastor o predicador desde el exterior. Aunado a ello, se adueñan de los bienes muebles o inmuebles del templo, se lo llevan o se lo quedan como si fueran de su propiedad, y sí lo es, porque representan un interés meramente personal, familiar o de grupo. De esta manera, la espiritualidad en la iglesia, está totalmente ausente.

3. **La** *corrupción* **(podredumbre, putrefacción, descomposición).** La penetración de la corrupción en la iglesia, no sólo radica en los mensajeros, predicadores o pastores, sino también ha alcanzado los niveles de los miembros o congregantes. Y eso ha acarreado una descomposición social, y espiritual especialmente. Hoy en día, es muy difícil que los miembros se sometan a la palabra de Dios cabalmente, debido a que su líder, su predicador o su misionero, está también corrompido en los aspectos más notorios, como la mentira o el robo, la prepotencia o el orgullo, la altivez o el mal carácter.

1. Los niveles de la corrupción, viene desde los dirigentes, líderes, predicadores, pastores o misioneros. Por

considerarse ellos mismos, los más altos en conocimiento, preparación y digno de ser admirados, reconocidos con elevado respeto. Al mismo tiempo, por someterse a una política humana, generado por supuestos grandes hombres y mujeres en el ámbito religioso. En consecuencia, pierden el interés espiritual para convertir la obra eclesial en materia corporal, y se enfocan más o se entregan en el ámbito político, económico y social.

4. La *política*. **Plataforma cupular, donde las decisiones se toman a base de intereses personales, familiares y de grupo.**

    a. En vez de utilizar la guía del espíritu, comportarse como cristiano y someterse bajo una solemne oración, por el buen testimonio a quien se va delegar una responsabilidad específica, la presencia o lectura de la palabra de Dios, un consenso meramente espiritual; acuden a un debate de confrontación, de elección al estilo de un partido político del mundo. Y si eso fuera poco, establecen el concepto, de que el ministro o pastor, es la máxima autoridad de una congregación o iglesia.

    b. Cuando no existe preparación, conocimiento e información de la biblia, los congregantes son vistos como incapaces de organizarse, tomar sus decisiones propias para beneficio de la iglesia local.

    Por una parte, existe la razón, porque la enseñanza ha sido superficial, consiste solamente en la forma de creer en Dios.

    Por otra parte, se sobrepasa y se pisotea el fondo de la fe, la sana doctrina, que debe conceptualizarse o materializarse en la vida cotidiana de los creyentes.

    Por ejemplo, es común que muchas Iglesias piensan y creen que sólo puede o debe haber un pastor en la congregación, y es el que manda o gobierna, cuando la biblia establece, que; en una congregación puede y debe haber pastores. Un grupo de personas que gobierna la iglesia en general, y no una sola persona.

    c. Al no existir en la iglesia, la forma y el estilo de vida espiritual, aparecen los misioneros, predicadores o pastores externos o foráneos, porque se considera que, uno de ellos debe guiar o dirigir a tomar decisiones en la congregación local. Además, se tiene la idea, de que el estudio o la preparación académica, aparte de contar con el conocimiento bíblico, enseñar con mayor eficacia, posee también el poder de gobernar, crear y establecer leyes de conducta o de fe.

d. Como resultado final, aquellos que ostentan tener el absoluto conocimiento de la biblia, ignoran y pisotean la libertad y los derechos de la iglesia local. Se subestiman la capacidad de los feligreses, y es coartado el desarrollo y el crecimiento espiritual.

5. **Lo *Económico*. Un sistema religioso, impuesta por una masa minoritaria, que toman el control para manipular a los siervos de Dios, y convertirlo en esclavo.**

a. En lo económico, muchos siervos son arrastrados por esta corriente, que de principio; tiene buenas intenciones, pero con el tiempo, les alcanza la codicia, la avaricia y demás actos ilícitos que perjudica la fe.

b. El financiamiento a los misioneros, evangelistas, tuvo su inicio a finales del siglo XV y a principios de XVI, con el propósito de propagar de evangelio entre las personas no pertenecientes al cristianismo. Lo cual, es de reconocerse la buena intensión y objetivo que originó tal idea, enviar personas a otros lugares a predicar, preparar los nuevos convertidos para la vida cristiana.

c. A partir de siglo XVII, floreció amplia e ilimitadamente, el oficio de misionero, lo cual se convirtió en fuente de trabajo y obtener ingreso para vivir de él, conocido como; profesión ministerial o pastoral.

d. En la biblia, no existe la palabra misión o misionero, fue un invento de la religión para clasificar a los creyentes, catalogar a los mismos cristianos, elegir y seleccionar, quienes podrían ser enviados a representar; ya no una iglesia, sino un grupo, organización o corporación religiosa.

e. Actualmente, el objeto central que mueve la totalidad de las religiones, y la mayoría de las iglesias cristianas, es el dinero.

Aunque el señor Jesucristo haya dicho; *Mar. 6:8. Y les mandó que no llevasen nada para el camino, sino solamente bordón; ni alforja, ni pan, ni dinero en el cinto.* Obviamente, el texto que antecede, es ignorado por la política económica que gobierna en las iglesias, con muy escazas excepciones que no están en la misma situación.

f. Por último, aunque muchas ordenanzas de la biblia, sobre todo, en el AT, que eran prácticas literalmente, la religión sigue insistiendo para su vigencia.

Por ejemplo, los sacrificios de cordero, palomas, cabras, etc. Ya no son vigentes, y en el NT, ya son sacrificios espirituales.

Mientras, que, por otra parte, piden e insisten la vigencia del diezmo hasta el día de hoy, alegando que es una ordenanza vigente, y se apoyan en los textos de Malaquías y de otros libros del AT.

6. **En lo *Social*. Elemento de gran interés en la sociabilidad externa.**

a. Convivir y ser más sociable, y amable con las personas externas, quienes viven o vienen de lejos, con el fin de quedar bien y dar la impresión de que son excelentes cristianos.

b. En lugar de buscar más espiritualidad entre los hermanos que asisten localmente, y tener una sociabilidad fraterna, amable, respetuosa y agradable. Prefieren quedar bien con las personas no cristianas o con los que vienen de lejos; mientras con los propios hermanos de la localidad, se muestran rígidos, fríos, y apáticos. Esto, no es otra cosa, más que el resultado de la corrupción que entró en el cristianismo moderno, desde hace mucho tiempo atrás.

7. **El *libertinaje* (indecencia, deshonestidad, imprudencia, desvergüenza).**

a. En la iglesia, se ha infiltrado el libertinaje silenciosamente, muchos hermanos piensan que todo está bien, que Dios le agrada lo que el creyente siente hacer. Puede brincar, saltar, desmayarse, puede hacer y decir todo lo que quiera, ya que Dios se fija en el corazón.

b. Durante el estudio o predicación de cualquier hora, los asistentes pueden estar hablando o platicando, riendo o jugando en las bancas. Los pastores o predicadores, están en las afueras del templo, o en la puerta de la salida, están platicando como si fueran personas ajenas al evento.

c. No existe una disciplina como regla general, donde se debe guardar la decencia, la prudencia y el honor que merece recibir Dios en un lugar como el templo.

d. Aunque parezca increíble, en el templo se demuestra de cómo viven los cristianos en su casa, en su trabajo, o en el lugar en que se encuentre diariamente.

e. Utilizan el templo para ventilar problemas, discrepancias, conflictos personales, familiares o de grupo. Exponen congregacionalmente asuntos que son de competencia privada, no miden las consecuencias que impacta en la vida de los nuevos creyentes y de los visitantes.

8. **La *pérdida* de valores**.

Los valores del hombre sin pertenecer a ninguna religión o iglesia, es bien sabido que, en las instituciones académicas, se estudian o se estudiaron, desde la primaria hasta los niveles profesionales.

1. El **Respeto**. Del verbo respetar, que indica primera y tercera persona en singular. La mayoría iglesias, no respeta su templo, sus actividades, sus eventos, sus reglas, y entre los mismos creyentes. Trátese de hombres y mujeres, de grandes y pequeños. Los feligreses, se identifican con nombres personales, apodos o sobrenombres. Entre adultos, jóvenes y niños, no existe el respeto mutuo, por lo tanto, a nadie se le puede exhortar, corregir o llamar la atención. Todos quieren mandar, y todos quieren gobernar.

2. La **Veracidad**. Se define, decir la verdad. Los siervos en el cristianismo actual, presumen predicar la verdad bíblica, pero en realidad, imparten la verdad a media y dogmática. Esto es, en vez

de enseñar lo que dice la biblia, se enfocan a seleccionar lo que dice una eminencia teológica, un pastor o evangelista de renombre, para convertir esas ideas en verdadera doctrina.

Ejemplo. La biblia, dice; que todos los hombres y mujeres que han entregado sus vidas a Cristo, han sido lavadas por medio del bautismo, por lo tanto; a esos convertidos, son llamados, santos, justos y perfectos. Pero muchos no creen que eso sea verdad, razón que todavía sostienen la idea de que la iglesia está llena de pecadores.

3. La **Honradez**. (Honestidad). Se define, ser decente, recatado, razonable, justo y no mentir. Se refiere a la cualidad con la que una persona se muestra en su manera de actuar y pensar, como justa, recta e íntegra. Por la ausencia de la honestidad, muchas congregaciones han sido engañadas con enseñanzas meramente humana y adulterada. Debido a ello, creen más lo que dice un pastor o predicador, que lo que dice Dios en la biblia.

Ejemplificación de la deshonra.
    a. *Deut 14:22*. Dice, *Indefectiblemente diezmarás todo el producto del grano que rindiere tu campo cada año.* Aunque el diezmo que Dios ordenó en su momento y en su tiempo, consistía en especies y frutos del trabajo, y se ejecutaba cada año.
    b. Actualmente, los siervos modernos bajo el cobijo de la falsa religión, enseñan y practican, que tiene que ser en efectivo y cada primer día de la semana.
    c. Por otra parte, lo que se niega y no se da a conocer, es; que la importancia del diezmo, no era tanto la cantidad, sino lo que representaba ese acto. Los cuales, son; la justicia, la fe, y la misericordia.
    d. Esto lo revela el Señor Jesús, cuando le dijo a los falsos maestros como hoy en día. *Mat 22:23. ¡Hay de vosotros, fariseos y escribas, hipócritas! Porque diezmáis la menta, y el eneldo y el comino; y dejáis lo más IMPORTANTE DE LA LEY: la justicia, la fe, y la misericordia. Esto era necesario hacer, sin dejar de hacer aquello.*

4. La **Lealtad**. Cumplimientos de las leyes o reglas mínimas que rige el sentimiento, la gratitud o el honor entre las personas y hacia los animales. Muchos cristianos no tienen lealtad a la iglesia, la doctrina, la adoración, al buen comportamiento, ante Dios y ante el mundo. Un domingo pueden participar de la comunión o santa cena, y saliendo del templo, pueden ir a fiestas de boda o cumpleaños de algún familiar, amistad que no son cristianos o pertenezcan a otra religión, no hay problema y no pasa nada.

5. La **Sinceridad**. Una virtud que consiste en rechazar todo disimulo que puede perjudicar la felicidad, que establece la franqueza, la honestidad, en su conjunto, se contrapone a la falsedad, hipocresía, fingimiento. Con justa razón, los no cristianos, prefieren no asistir al templo o iglesia, porque saben perfectamente, que, quienes se congregan en ese lugar, no son sinceros. Porque los mismos cristianos, se han encargado a desprestigiarse, alegan amar a sus prójimos, pero entre ellos, se critican, se acusan, y no se quieren, ni se ven como hermanos en la fe, sino como enemigos.

6. La **Justicia**. Del verbo justiciar. Virtud que inclina a dar a cada uno lo que le pertenece o lo que le corresponde, que debe hacerse según el derecho o la razón, pena o castigo conforme la aplicación de las leyes en los juicios civiles, penales y hacer cumplir las sentencias o las medidas disciplinarias. En la iglesia no existen reglas de conducta, por lo tanto, no puede ni se debe castigar, ni disciplinar a los infractores de la doctrina o de las reglas que rige la congregación, con el argumento de que nadie es justo, que todos son pecadores, lo cual, esta teoría, es totalmente falso, porque los mismos pastores o predicadores, violentan las reglas que la biblia establece.

7. El **Derecho**. Conjunto de principios, preceptos y reglas que rigen las relaciones humanas en toda sociedad civil. En este caso, todos los cristianos de una localidad, tienen derechos eclesiales, aplicando ciertas medidas reglamentarias, identificando las habilidades y capacidades de cada uno, y ubicarlos en las áreas

correspondientes. Por ejemplo, no todos tienen la habilidad de predicar, cantar o dirigir. Al igual, no todos los congregantes son puntuales, disciplinados u ordenados. Sin embargo, todos pueden y deben participar, de una u otra forma para el beneficio de la congregación.

8. La **Igualdad**. Trato idéntico entre todas las personas, al margen de razas, sexo, clase social y otras circunstancias diferenciadoras. La igualdad, es uno de los valores que se ha estigmatizado, se ha fraccionado y ha tenido clasificación. A los predicadores o pastores, son vistos como los más cercanos a Dios, como infalibles, más santos, más justos y que merecen un trato preferencial. Mientras los congregantes o cristianos que no tienen un puesto, un estudio, un título, una profesión académica elevada supuestamente, son tratados de bajo nivel, son subestimados en todos los sentidos; su habla, su apariencia, su habilidad, y capacidad de hacer algo excelente. Puede que se entienda mal, que, en el cristianismo predomina el racismo, el individualismo, la fragmentación, la exclusividad, y el favoritismo.

Ejemplo de la igualdad, a desigualdad.
1. Los predicadores o pastores, que viven en la ciudad, son tratados con mucha especialidad, con los alimentos, con el hospedaje, el transporte, una buena remuneración económica y entre otras cosas. En un evento masivo, no pueden o no deben barrer, levantar basura, o ayudar en hacer limpieza, porque es una mala imagen para ellos.
2. Mientras los que predican en un pueblo, rancho, comunidades alejadas de la ciudad, son vistos y tratados de bajo nivel. Como tal, no hay privilegios para ellos, que trabajen en lo que puedan para subsistir, que paguen su transporte y demás gastos implícitos.
3. Una falsedad insertada en el cristianismo, es creer que, un título de algún colegio, instituto, universidad, acredita ser un buen siervo de Jesucristo. Como si un título o diploma garantizara en decir la verdad, conservar la salvación y heredar la vida eterna.

4. Por último, es menester que, en la vida cristiana, se recupere y se implemente los valores del hombre en el cristianismo, para el bien común de los cristianos. Y la iglesia vuelva en su base original, poniendo en práctica todos los principios bíblicos.

Acerca del autor

Delf Luis Ross. Nacido el 5 de enero de 1966, en Las Peñas. Municipio. Tamazulápam del Espíritu Santo. Mixe. Oaxaca, México. De descendencia indígena. De idioma nativo. Mixe. Graduado de la escuela primaria bilingüe en 1978. Bachiller en Teología y Estudios Bíblicos, en 1991, Colegio Cristiano del Centro, San Luis Potosí. Tres hijos varones, de quienes amplia y profundamente estoy agradecido. Preparatoria. En 2003. Certificado Ministro. En 2006, de la Universidad Howard Payne. El Paso, Texas.

FUENTE DE INFORMACION BIBLIOGRAFICA

Biblia Versión 1960. Editorial Vida.

Otras Obras del Autor

Printed in the United States
By Bookmasters